AF343892

INSTRUCTION

SUR LE POINTAGE

DE L'ARTILLERIE

A BORD DES BATIMENS DU ROI,

PUBLIÉE PAR ORDRE SUPÉRIEUR,

Par l'Amiral C. D. DE CHURRUCA;

TRADUITE DE L'ESPAGNOL, AVEC DES NOTES,

Par F. E. A. CHARPENTIER,

ANCIEN ÉLÈVE DE L'ÉCOLE POLYTECHNIQUE, CAPITAINE AU CORPS ROYAL DE L'ARTILLERIE DE MARINE, CHEVALIER DE L'ORDRE ROYAL DE LA LÉGION D'HONNEUR, MEMBRE DE PLUSIEURS SOCIÉTÉS SAVANTES.

A ROCHEFORT,

CHEZ GOULARD, IMPRIMEUR-LIBRAIRE,

RUE SAINT-CHARLES, N.º 17.

1827.

DISCOURS PRÉLIMINAIRE

DU TRADUCTEUR.

SI *l'artillerie demande des études spéciales, une grande pratique, des soins minutieux, c'est surtout à la mer, où, s'occupant des mêmes objets qu'à terre, elle a de plus à combiner le mouvement du plan sur lequel elle agit avec celui du but qu'elle doit atteindre. Nous n'avons pourtant en France sur cette arme importante que très-peu d'ouvrages. Ce dénuement nous a fait entreprendre de traduire les traités les plus célèbres qui existent sur cette matière chez les nations étrangères. En nous livrant à ces travaux, notre dessein est de tâcher d'augmenter nos connaissances de celles des ennemis que nous sommes peut-être un jour destinés à combattre, et de chercher à leur surprendre quelques secrets. Déjà nous avons publié la traduction du Traité d'Artillerie navale du général anglais sir Howard Douglas, et nous offrons aujourd'hui au public celle de l'Instruction sur le pointage de l'artillerie à bord des bâtimens du Roi, par l'amiral espagnol de Churruca. La célébrité de cet ouvrage nous dispense d'en faire l'éloge. Les tables de Churruca, en indiquant le nombre de pieds, calculé mathématiquement, dont il faut pointer au-dessus ou au-dessous de l'objet, selon sa distance et les angles de mire des pièces, resserrent les limites des erreurs inévitables du pointage, et assurent, autant que possible, l'exactitude du tir, le point important dans les combats.*

Cet ouvrage fera sentir, comme celui de Sir Howard Douglas, la nécessité d'avoir dans la marine un corps spécialement instruit à la théorie et à la pratique de l'artillerie. L'artillerie a pris rang parmi les sciences. Elle tire de puissans secours de la haute algèbre, de la mécanique rationnelle, de la métallurgie, de la chimie. Pour en posséder à fond les diverses branches, et être à même de leur appliquer les perfectionnemens dont le progrès journalier des sciences et des arts les rend susceptibles, il faut en faire une étude spéciale.

Mais, dira-t-on, il n'est pas nécessaire à bord des bâtimens de connaître les hautes théories de l'artillerie, ni d'en posséder la pratique comme un artilleur de profession. Qu'on y sache commander et exécuter l'exercice du canon, cela suffit. Nous répondrons qu'il n'y a pas de raisons pour que l'art du tir exige moins de connaissances en mer qu'à terre. Il n'est personne, au contraire, qui ne sente qu'il présente des difficultés bien plus grandes sur un élément sans cesse agité que sur

un terrein solide. C'est assurément assigner des bornes
bien étroites au vaste domaine de l'artillerie navale que
de le réduire au manuel d'exercice des bouches à feu.
L'artillerie de mer embrasse, comme l'artillerie de terre,
la balistique, la détermination des vitesses initiales
des projectiles, la construction des tables de tir, les méthodes et les instrumens de pointage, la connaissance
des rapports entre les armes de différens calibres, entre
les charges et leurs effets, l'art délicat des expériences,
la fabrication des pièces, de la poudre, des projectiles,
la construction des affûts et des machines, leurs plans,
devis et tracés, et mille autres objets que nous ne pou-
vons énumérer, et qui offrent un champ immense aux
études et aux méditations de l'artilleur marin. En
mer, dira-t-on encore, on s'approche de son ennemi à
brûle pourpoint, et de là l'artillerie ne peut manquer
d'avoir son effet, sans qu'on ait besoin d'une connaissance approfondie de la théorie du tir. Ceux qui rai-
sonnent ainsi prouvent qu'ils connaissent mieux le
courage et la noble intrépidité de nos marins que les
principes de la tactique navale. Il n'est pas un officier expérimenté qui ne sache qu'en mer on ne peut pas
toujours s'approcher de son ennemi ; qu'il est des cas
même où, quand on le pourrait, il n'est pas convenable de le tenter. Un ennemi circonspect et habile
ne se laissera pas approcher, sans avoir préalable-
ment désemparé son imprudent adversaire, et l'avoir
mis souvent hors de combat. Quand on donne la chasse
à un bâtiment doué d'une vitesse supérieure, et que le
vent favorise, on ne peut le joindre et le combattre

qu'en l'arrêtant dans sa fuite au moyen de quelques coups isolés, dirigés de loin à son gréement ou à sa mâture, et pointés avec tout l'art, toutes les ressources possibles. Si l'on prend chasse soi-même devant une force supérieure, on ne doit encore souvent son salut qu'à l'habileté de canonniers exercés au tir éloigné. Enfin, si deux bâtimens de même rang sont en présence, que l'un soit meilleur voilier que l'autre, et possède des canonniers plus adroits, ne devra-t-il pas profiter de ces avantages pour tenir son antagoniste à distance, et lui faire le plus de mal possible, sans en éprouver de sa part? On voit donc qu'il est de nombreuses circonstances à la mer où l'on doit faire usage de l'artillerie à longue portée ; et c'est alors qu'une connaissance parfaite de la science du tir et une grande pratique, fruit d'exercices constans et répétés, deviennent de la plus haute importance.

C'est un principe général que plus le travail est divisé, plus il acquiert de perfection et d'ensemble. Nous en voyons l'application dans tous les travaux humains, dans l'industrie manufacturière, dans l'administration, dans la guerre. Les produits de notre industrie ne sortent parfaits de nos ateliers qu'après avoir passé par une infinité de mains différentes. C'est la division des emplois qui assure la marche d'une bonne administration. L'armée se compose de quatre grandes armes principales, divisées et subdivisées en d'autres, qui ont toutes à la guerre leur destination particulière. Il en était de même chez les anciens. Leurs armées étaient formées de divers corps, dont les attributions étaient différentes, et les manières de combattre distinctes. Ce principe universel, qui tient à la faiblesse des forces et de l'intelligence de l'homme, ferait-il donc exception dans la marine? Tout doit-il donc être confié aux mêmes mains à bord d'un vaisseau, cet immense atelier de guerre? Par quel privilége exclusif de la nature le matelot serait-il propre à tous les emplois, et pourrait-il être à la fois bon marin, bon artilleur et bon fantassin? Ne s'engageant que pour huit ans, comme tous les autres soldats de l'armée, comment pourra-t-il en apprendre trois fois plus qu'eux dans le même temps? Distrait par les travaux multipliés de la navigation, il ne se livrera jamais à l'artillerie avec la spécialité qu'elle exige. Elle ne sera pour lui qu'un objet secondaire et accessoire. Or nous demandons si l'artillerie, qui, dans les actions navales décide de la victoire, ou du moins la prépare, peut être considérée comme un objet accessoire. Il n'est aucun de nos habiles commandans qui ne sente le danger d'un pareil système et ne convienne de la nécessité de séparer les attributions de l'artillerie de celles de la navigation. Prétendre les réunir, vouloir se charger des connaissances théoriques et pratiques que ces deux parties embrassent, c'est accepter une énorme responsabilité, et s'exposer peut-être à n'en bien posséder aucune.

Ces vérités sont senties par tous les hommes éclairés et impartiaux, et ne trouvent de résistance qu'auprès de quelques esprits systématiques. Nos amiraux les plus illustres, nos capitaines de vaisseau les plus expérimentés appellent à leur bord les canonniers de marine. Ils

gémissent de la mesure qui, en les éloignant des bâtimens de Sa Majesté, prive la flotte d'un puissant
auxiliaire, et divise deux corps honorables, faits pour
s'estimer, et destinés à réunir sous le pavillon, pour
le service et la gloire du Monarque, le concours de
leurs talens et de leurs efforts (1). Quel amiral, en
effet, quel commandant de bâtiment ne sera rassuré
au moment du combat d'avoir à son bord des troupes
spéciales, sur le service desquelles il pourra d'autant
plus compter, qu'elles auront été plus particulière-
ment exercées à leur objet?

L'inconvénient qu'on a si souvent allégué d'avoir
deux disciplines à bord, ne peut plus exister aujour-
d'hui que les matelots, étant organisés en corps militaires, seront sans doute régis par la discipline et les
lois militaires, et qu'ils ne seront plus soumis à des
châtimens que repoussent les mœurs nationales.

L'indiscipline que les adversaires de l'artillerie ont
reprochée aux canonniers de marine n'est pas plus à
craindre. Nous n'examinerons pas jusqu'à quel point
ce reproche peut être fondé. Sans doute quelques mau-
vais sujets ont pu se montrer à bord, lorsque les troupes
de la marine se recrutaient par la voie pernicieuse des

(1) Nous pourrions citer ceux de MM. les officiers généraux et supérieurs de la marine qui ont toujours honoré le corps d'artillerie de
leur protection et de leur intérêt. Mais, outre qu'il nous serait difficile
de les désigner tous, il est inutile de rappeler leurs noms. La recon-
naissance les a gravés dans la mémoire de tous les militaires de l'arme.

enrôlemens volontaires ; mais le nouveau mode de recrutement garantit désormais la qualité des sujets. La discipline admirable que les canonniers de marine montrent dans les ports, leur belle tenue, qui leur mérite chaque année, lors des inspections générales, les suffrages honorables de MM. les commandans de la marine eux-mêmes, doivent rassurer sur la subordination qu'ils auront à bord.

Un reproche que l'on fait encore aux canonniers de marine, est de ne pas avoir le pied marin. Mais comment veut-on qu'ils aient le pied marin, si on les tient constamment éloignés des vaisseaux? Seraient-ils plus difficiles à amariner que les matelots, si on les embarquait comme eux, et s'ils étaient exercés à leur art sur les bâtimens? Nous lisons dans l'encyclopédie moderne, à l'article canon : « L'amiral *Willaumez*, au- « teur d'un dictionnaire de marine, blâme l'usage de « prendre des canonniers parmi les soldats de marine ; « il leur préfère des matelots, et il fonde sa préfé- « rence sur ce qu'il faut être habitué aux mouvemens « du vaisseau, et avoir le pied marin, (c'est-à-dire « sûr), pour manœuvrer habilement un canon à la « mer. Quant à nous, nous pensons que, si un soldat « est encore assez jeune pour pouvoir facilement s'a- « mariner, il n'y a aucun inconvénient, et peut-être « même y a-t-il de l'avantage, à ce qu'il ait appris « le canonnage à terre, et qu'il aura plus tôt le pied « marin, que le matelot le mieux amariné n'aura « appris le canonnage à bord, où l'instruction dans « cette partie se trouve entravée par une foule de

« travaux d'un autre genre, qui absorbent son temps
« et son attention; on peut ajouter que l'exercice du
« tir à boulets est nécessairement plus rare à bord des
« vaisseaux qu'à terre. »

Nous ne craignons pas de le dire : les canonniers,
formés à leur art par de longues années et des exercices journaliers, ayant été enlevés aux bâtimens, la
marine française se trouve aujourd'hui sans artillerie,
puisque, des équipages qui doivent les remplacer, un
petit nombre seulement est formé; que les autres ne
sont encore qu'en projet, et que ceux qui sont déjà
organisés ne pourront de long-temps être instruits au
canonnage, dont ils sont à chaque instant détournés
par d'autres travaux. Qu'une guerre vienne à éclater,
c'est avec ce désavantage que nos bâtimens entreront
en lice.

En cherchant à démontrer la nécessité d'un corps
spécialement instruit à la théorie et à la pratique de
l'artillerie à bord des vaisseaux de Sa Majesté, nous
ne prétendons point blâmer la formation des équipages de ligne. Nous pensons, au contraire, que l'idée
d'avoir organisé les matelots en corps réguliers, de
les avoir soumis au régime et à la discipline militaires,
ne peut avoir que les plus heureux effets. Mais nous ne
croyons pas qu'ils puissent être chargés avec un égal
succès et de la manœuvre du bâtiment et de la manœuvre non moins importante de l'artillerie. Il nous
semble d'ailleurs que la destination naturelle d'un corps
d'artillerie de marine, pour lequel le gouvernement

fait des frais d'instruction, entretient des écoles et d'habiles professeurs, est sur les bâtimens, et non dans l'intérieur des ports et des bagnes, où il est réduit à un service qui ne nous paraît pas répondre au but de son institution. Loin de nous encore la pensée que les promoteurs de la mesure qui a privé la marine française de ses canonniers, aient été dirigés par d'autres passions que celles de l'intérêt de l'État, du noble amour de la Patrie et du Roi. Nous aimons à rendre hommage à leurs intentions. Mais les hommes les mieux intentionnés peuvent errer; c'est le propre de l'esprit humain. Sans doute ils étaient animés aussi de nobles motifs ceux qui ont présidé aux diverses organisations qu'a subies jusqu'ici le corps royal d'artillerie de marine. L'abrogation successive de ces différens systèmes prouve pourtant leur défectuosité. Le mode actuel, qui perd pour la marine un corps nombreux, instruit et dévoué, serait-il donc seul exempt d'imperfections, et non sujet à révision? Nous pensons, bien au contraire, qu'au moment où l'on s'occupe d'une refonte générale des lois et ordonnances de la marine, la fausse position du corps d'artillerie, la nullité à laquelle il est réduit, n'ont point échappé au Conseil d'Amirauté, trop éclairé pour ne pas apprécier dans la guerre navale l'influence d'une artillerie puissante, combinée avec une habile tactique; trop juste pour ne pas consacrer les droits d'un corps dont tous les services sont à la marine. Aussi le corps royal d'artillerie de marine, qui, de nombreux bataillons dont il était composé, s'est vu réduire successivement à un seul régi-

ment, dépouiller de ses fonctions sur les vaisseaux, aux colonies, qui voit chaque jour son existence mise en question, attend-il de la haute sagesse de l'Amirauté qu'elle mette enfin un terme à ces vicissitudes, auxquelles il est en butte depuis tant d'années, en lui donnant des attributions judicieuses et précises, fondées sur le but de son institution, la nature de ses études et de ses exercices, et qui le mettent à même de rendre de nouveaux services à la marine royale, et de concourir aux succès et à la gloire du pavillon de Sa Majesté.

INTRODUCTION.

Iᴌ suffit de considérer la pierre que la main lance en l'air, pour sentir que les projectiles mis en mouvement par la force expansive de la poudre, ne peuvent suivre une ligne droite, ni atteindre conséquemment le point sur lequel est dirigée la pièce d'où ils sont projetés. Il suffit d'examiner la forme d'un canon pour reconnaître que la direction de l'axe de l'âme est toujours plus élevée que celle du rayon visuel passant par le ras supérieur du métal. Il suffit enfin de remarquer que ce rayon visuel ne peut rencontrer la courbe que décrit le projectile en plus de deux points, pour voir que cette courbe passe toujours au-dessus et au-dessous de la ligne de mire prolongée, en s'en écartant plus ou moins, selon la grandeur de l'angle de mire, la distance à l'objet, et sa propre courbure. Ces vérités palpables, et à la portée des personnes les moins instruites, durent faire sentir, dès que l'on commença à faire usage des armes à feu, la nécessité de certaines règles de pointage. Cependant rien qui soit raisonnablement applicable à l'artillerie de mer n'a été écrit jusqu'ici sur une matière d'une si haute importance, les hommes qui auraient pu le faire ayant été arrêtés par l'état d'imperfection où se trouve encore la théorie de la balistique ; comme si une connaissance au moins approchée des principes les plus nécessaires, n'était pas préférable dans la pratique à une ignorance absolue.

Notre but, dans cette Instruction, n'est point de donner un traité complet de balistique, ni d'établir de nouvelles doctrines, encore moins de chercher à persuader que les principes sur lesquels nous nous fondons soient rigoureusement exacts, bien qu'ils aient été confirmés par l'expérience. Mais l'art de pointer, imparfait en théorie, et sujet dans la pratique à mille erreurs inévitables, occasionées par le mouvement continuel des bâtimens, peut avoir dans ces mêmes erreurs certaines limites, que la raison et la prudence nous prescrivent de chercher à resserrer par tous les moyens possibles. L'objet que nous nous proposons donc est de donner des règles simples, et d'une application facile, pour diminuer, autant que faire se peut, les erreurs du pointage, et consommer ainsi moins de munitions et de temps qu'on ne l'a fait jusqu'à présent dans les combats sur mer.

Nos artilleurs ont coutume de pointer leurs pièces en amenant la ligne du ras de métal directement sur l'objet qu'ils veulent battre, sans avoir le moindre égard à l'angle que cette ligne fait avec l'axe de la pièce, et sans tenir aucun compte, selon les différentes distances, de l'abaissement du projectile par l'action de la gravité. Il en résulte que, quoique très-près d'un vaisseau ennemi, ils ne peuvent l'atteindre au point qu'ils désirent, si ce n'est par l'effet du hasard, ou après avoir perdu beaucoup de temps. Il est donc de toute nécessité de déterminer, pour chaque calibre, les points de mire correspondans à ceux que l'on veut battre, selon les circonstances qui changent leur position relative. Pénétré de cette vérité, nous écrivons pour les officiers et sous-officiers chargés d'indiquer ces points de mire aux chefs de pièce.

Il est impossible de déterminer le point précis où ira le projectile à chaque coup. La variété des mouvemens auxquels le canon et l'objet sont sujets ne le permet pas, et la science n'est pas non plus assez avancée pour cela. Néanmoins elle peut faire connaître l'abaissement du boulet avec une exactitude suffisante, comme le confirment les expériences faites au Ferrol. L'observation nous a fait connaître l'abaissement du boulet ramé; l'analogie nous a conduit à la connaissance approchée de celui de la mitraille; et les réflexions les plus simples nous ont suggéré l'idée de former des tables de pointage pour tous les cas qui peuvent se présenter à la mer.

Ces tables sont les premières de ce genre qui aient été publiées. Elles donnent pour toutes les distances où l'on peut faire usage du canon, le nombre de pieds dont il faut élever ou abaisser la ligne de mire naturelle au-dessus ou au-dessous de l'objet qu'on veut battre, réduisant à quinze nombres seulement, faciles à retenir, ceux dont on peut avoir besoin pour toute distance qui ne dépasse pas deux encâblures. Leurs résultats, quoique susceptibles d'erreurs, en resserrant les limites de celles qui sont inévitables, autant que le permet l'état actuel de la balistique, donnent au moins l'assurance que la plupart des munitions qu'a coutume de perdre, au préjudice de l'Etat, une grossière et aveugle routine, ne seront plus vainement consommées.

S'il est dans l'esprit humain, comme dans la matière, une sorte de force d'inertie qui résiste à toute idée nouvelle; et si, pour la détruire, il faut l'illusion de la célébrité, ou la prévention favorable qu'inspire un nom illustre, rien, à coup sûr, ne sera moins utile que ce petit ouvrage. Mais le zèle des chefs et des officiers de l'armée navale pour le service et la gloire du pavillon du Roi, suppléera à ces prestiges; et l'amour de leur art leur fera abandonner les pratiques erronées suivies jusqu'ici, pour adopter les règles que nous proposons, en attendant que des talens supérieurs aux nôtres leur donnent le degré de perfection dont elles peuvent être susceptibles.

PRINCIPES

DE BALISTIQUE

APPLIQUÉS

A L'ARTILLERIE DE MER (1).

Le boulet rond, le boulet ramé et la mitraille, comme tous les corps lancés dans une direction quelconque inclinée à l'horizon, s'écartent à chaque instant de cette direction par l'action continue de la gravité, et décrivent une courbe, concave vers la surface de la terre, dont les propriétés seraient parfaitement connues, si ces projectiles

---

(1) Comme nos pensées ne cessent pas de nous appartenir parce que nous cessons de vivre, je dois dire que je me suis beaucoup aidé dans mon travail d'une traduction manuscrite de cet ouvrage, faite par M. Berline, jeune officier de marine, d'une grande espérance, qu'une mort prématurée a cruellement enlevé à sa famille et à la marine royale.

(*Note du Traducteur.*)

se mouvaient dans le vide, et si l'intensité de la force im-
pulsive, la vitesse imprimée au mobile, et la direction
primitive de ce dernier, n'étaient altérées par une foule
de causes différentes. Mais le milieu dans lequel ils se
meuvent leur oppose une résistance qui n'est pas encore
bien connue; la vitesse initiale du projectile est altérée par
les bonds qui ont lieu contre les parois intérieures de l'âme
quand il sort de la pièce, ainsi que par la quantité, la
qualité et l'état toujours variable de la poudre, par la
forme, la grosseur, le poids et le vent des divers objets qui
composent la charge, par la manière de refouler, enfin
par la construction même du canon et celle de son affût
et de sa plate-forme. La direction du boulet, troublée
aussi par les bonds contre les parois de l'âme, l'est encore
par le mouvement de rotation plus ou moins oblique
et plus ou moins rapide que ces chocs lui impriment. Ce
mouvement combiné avec la résistance de l'air modifie encore la courbure de la trajectoire. Tous ces phénomènes,
qui ont lieu dans la pratique, et qui résultent de l'influence
de tant de causes diverses, ne peuvent offrir la régularité
nécessaire pour perfectionner la théorie de la balistique.
Néanmoins les expériences faites dans le dernier siècle,
et le zèle de quelques habiles géomètres qui se sont occu-
pés de cet objet d'une si haute importance, ont resserré
les limites des erreurs auxquelles le calcul peut conduire,
autant qu'il est nécessaire pour le tir à la mer, où le mouvement continuel des bâtimens rend inutile une plus grande
précision, comme le montre la table 1.ʳᵉ, dans laquelle on
peut comparer les abaissemens donnés par l'expérience
avec ceux que fournit la théorie.

Puisque le boulet chassé de la pièce par la force expansive de la poudre ne suit point la direction de l'axe du canon, que l'action continue de la pesanteur l'en écarte de
plus en plus, selon la durée du trajet; puisque, en supposant que le pointage ait lieu suivant un rayon visuel parallèle à l'axe, il faut élever ce rayon visuel au-dessus du
point qu'on veut atteindre, d'autant de pieds que le boulet
s'abaisse, il est évident que, tant que l'on n'aura pas une
connaissance suffisante des rapports qui existent, pour
chaque calibre, entre les distances à l'objet et les abaissemens des projectiles, il sera impossible d'obtenir un pointage certain; et que le sort des combats, sous ce rapport,
dépendra plus du hasard et du caprice de la fortune que
de l'habileté des combattans. Pour se convaincre de cette
vérité, et en reconnaître toute l'importance, il suffit de
remarquer, par exemple, qu'à la distance de deux encâblures, le boulet rond, de tout calibre, a de 21 à 22 pieds
d'abaissement, le boulet ramé de 33 à 34, et la mitraille
plus de 42. Si donc la seconde batterie d'un vaisseau de 74
tire à boulets ronds à la batterie correspondante d'un vaisseau ennemi de même rang, à boulets ramés au trélingage
des grands haubans, et à mitraille au gaillard d'arrière, en
pointant directement l'axe des pièces sur ces objets, les
boulets ronds tomberont dans l'eau, sans toucher l'ennemi,
les boulets ramés frapperont à la moitié du grand mât, et
la mitraille restera à un peu plus de moitié chemin. Si
telles sont les erreurs à une si petite distance, quelles seront celles qui auront lieu à des distances plus considérables? Un boulet rond tiré de la seconde batterie d'un vaisseau distant, par exemple, de trois encâblures de l'ennemi,

n'arrivera pas aux gaillards de celui-ci, si la pièce n'a pas
été pointée, suivant son axe, aux $^2/_4$ de la hauteur du grand
mât; le boulet ramé dirigé, par le pointage suivant l'axe,
au trélingage des grands haubans, donnera à peine dans la
batterie basse, et pour que la mitraille arrive au gaillard
d'arrière, il faudra que la pièce soit pointée aux $^2/_3$ du
grand mât de hune.

Il est certain que l'usage et la nécessité de pointer par
le ras supérieur du métal, ou la ligne de mire naturelle,
compensent en grande partie l'incertitude produite par
l'abaissement du boulet, l'axe de la pièce se trouvant élevé
au-dessus de l'objet. Mais ce mode complique, d'une certaine façon, l'art du pointage; car le rayon visuel formant
avec l'axe du canon un angle plus ou moins grand, selon
le calibre des pièces et la différence de métal entre la culasse et la volée, il en résulte (fig. 1.re) :

1.º Que le rayon visuel, ou la ligne de mire, ne rencontre la courbe décrite par le boulet qu'en deux points
uniques, l'un près de la pièce (1), l'autre d'autant plus
éloigné que l'angle de mire (2) est plus grand.

2.º Que l'espèce des projectiles influe aussi sur le plus
ou moins de distance de ce dernier point; car le boulet

---

(1) Ce premier point d'intersection est ordinairement éloigné de 15
à 25 pieds de la bouche de la pièce dans tous les calibres.
(Note de l'Auteur.)

(2) L'angle de mire est l'angle formé par l'axe de la pièce et la ligne
de mire naturelle.
(Note du Traducteur.)

ramé et la mitraille, ayant moins de vitesse que le boulet rond, emploieront plus de temps pour parcourir la même distance. Ils auront conséquemment plus d'abaissement, et leurs trajectoires seront coupées par la ligne de mire plus près de la pièce.

2.° Que, lorsque l'objet est plus voisin de la pièce que le second point d'intersection de la ligne de mire et de la trajectoire, le boulet passe au-dessus, et au-dessous, quand il en est plus éloigné.

3.° Que, pour diriger le projectile à un point déterminé, il est nécessaire de connaître la distance horizontale de ce point, et de savoir de combien il est élevé ou abaissé au-dessus ou au-dessous de la ligne de mire; ce qu'on ne peut savoir sans connaître pour cette distance l'abaissement du projectile par rapport à l'axe de la pièce, et l'angle que fait cet axe avec la ligne de mire naturelle.

Il résulte enfin que, sans le secours de toutes ces données, il est impossible d'obtenir un tir bien dirigé dans les combats sur mer, où un coup ne peut se corriger par un autre, comme à terre; car les projectiles seront toujours envoyés au hasard; et ils n'atteindront jamais, ou que bien rarement, le but contre lequel ils avaient été dirigés, si ce n'est à de très-petites distances, où le mobile suit à peu près une ligne droite, et où la divergence de l'axe et de la ligne de mire est souvent compensée par les erreurs inévitables du pointage.

Il suit de ce qui précède que le moyen le plus sûr d'employer utilement les munitions, est de s'approcher, autant que possible, de l'objet qu'on veut battre. Mais on ne le peut pas toujours, et l'on ne doit pas pour cela laisser de tirer sur l'ennemi, dès qu'on est à portée de lui causer quelque dommage; car un seul boulet bien dirigé suffit pour arrêter un bâtiment auquel on donne la chasse, ou par lequel on est chassé; et une avarie causée à la distance de 5 ou 6 encâblures peut souvent assurer la victoire. Il est vrai qu'on ne doit pas en général beaucoup compter sur un tir aussi éloigné, à cause de l'incertitude du pointage. Mais il est des cas où la perte de quelques boulets importe peu, si un seul peut porter, comme lorsqu'on veut, par exemple, attaquer un ennemi en fuite, qui file avec une vitesse supérieure, et dont on ne peut s'approcher qu'à longue portée, ou quand on prend chasse soi-même devant un bâtiment fin voilier, dont on a déjà reçu quelques boulets. On aurait grandement tort alors de ne point tirer, surtout si l'on a des canonniers et des chefs de pièce exercés, et si l'on ne craint pas que les munitions ne viennent à manquer pour un meilleur moment. Cette crainte, au reste, n'aura jamais lieu, ou que bien rarement, si, comme la prudence le prescrit, on ne tire que quelques coups isolés, pointés avec tout le soin et toute l'attention possibles.

Si l'on réfléchit au mouvement continuel des bâtimens, et aux diverses inclinaisons que leurs batteries prennent à chaque instant, on concevra aisément qu'il ne sert à rien de connaître l'angle d'élévation que l'axe de la pièce doit faire avec l'horizon, pour tenir compte de l'abaissement du boulet, et le faire arriver au point qu'on désire battre, à cause de l'impossibilité de mesurer cet angle sur un plan sans cesse en mouvement.

Quelle que soit donc la méthode de pointage qu'on adopte à bord, elle doit être indépendante de l'inclinaison du pont de la batterie, et telle qu'en mettant l'axe de la pièce et l'objet dans un même plan vertical, elle donne en même temps à cet axe, à chaque distance, l'élévation nécessaire pour frapper le point qu'on désire atteindre.

La première de ces conditions est toujours remplie en pointant directement suivant la ligne de mire naturelle, quand les points de mire de la culasse et de la volée sont bien dans le plan vertical passant par l'axe de la pièce. Mais il n'en est pas de même de la seconde, parce que l'élévation de l'axe du canon au-dessus de l'horizontale doit être différente à chaque distance, et que l'élévation constante de l'angle de mire naturel ne peut convenir à plus de deux points. Ce sont ceux où la ligne de mire est rencontrée par la trajectoire. En effet, si D représente la distance horizontale de l'objet, et d l'abaissement du projectile, la tangente de l'angle que l'axe de la pièce doit faire avec la direction du point qu'on désire atteindre, sera $\frac{d}{D}$ (1). Cette expression, variable avec les élémens qui la composent, est différente à chaque distance ou pour chaque point ; et elle n'appartient à la tangente de l'angle de mire que lorsque l'abaissement du boulet est égal à cette même tangente, ce qui n'a lieu qu'aux deux points d'intersection de la ligne

____

(1) Quoique cette expression ne soit rigoureusement vraie que lorsque la pièce est horizontale, elle a néanmoins toute l'exactitude nécessaire dans la pratique, attendu la petitesse des angles auxquels elle s'applique.

(*Note de l'Auteur.*)

de mire naturelle et de la trajectoire. Ce sont donc les seuls que l'on puisse atteindre en y visant directement, ou en ne donnant à l'axe de la pièce d'autre élévation au-dessus de l'horizontale que celle qu'il a sur la ligne de mire. Si l'on pointait directement à tout autre point suivant la ligne de mire naturelle, la pièce n'aurait point l'élévation nécessaire pour l'atteindre, et elle ne l'atteindrait pas en effet.

Un boulet de 36, par exemple, tiré contre un but distant de deux encâblures, a 22 $\frac{1}{3}$ pieds d'abaissement quand il y arrive, et l'élévation correspondante à donner à l'axe de la pièce pour compenser cet abaissement est de 0° 53′ 18″ (*voyez la table III*). Mais l'angle de mire s'élève pour ce calibre jusqu'à 2° 23′. Donc, si l'on pointait directement à l'objet suivant la ligne des points les plus élevés de la culasse et de la volée, on donnerait à l'axe de la pièce un excès d'élévation de toute la différence entre 0° 53′ 18″ et 2° 23′, et le boulet passerait à 57 pieds au-dessus du point sur lequel aurait été dirigée la ligne de mire : c'est-à-dire que, si l'on pointait à la flottaison d'un vaisseau à trois ponts, le boulet passerait au-dessus du corps du vaisseau sans le toucher aucunement.

Nous venons de démontrer que le pointage direct suivant la ligne de mire naturelle, ne donne pas au canon les divers angles d'élévation qui lui conviennent aux différentes distances. Mais ces angles étant connus par la table III, on pourrait les représenter par des lignes de mire latérales tracées sur la surface extérieure de la pièce, de manière que, quand l'objet se trouverait dans le plan des deux lignes correspondantes de chaque côté du canon, l'axe eût l'élévation convenable pour tenir compte de l'abaissement du projectile, comme le propose M. Texier de Norbec (*Recherches sur l'Artillerie*, *édition de 1792*, *tome 2*, *pag. 334 et suiv.*). Mais cette méthode, si recommandée par son savant auteur, ne peut être employée dans les combats sur mer: 1.° parce que le même angle d'élévation ne pouvant convenir, à la même distance, au boulet rond, au boulet ramé et à la mitraille, il faudrait trop de lignes sur les côtés de la pièce, ce qui entraînerait une confusion inévitable, qui ne permettrait pas de distinguer celles de ces lignes dont on devrait se servir pour chaque cas; 2.° parce que la position des tourillons intercepterait, dans quelques pièces, la direction des lignes de mire correspondantes aux angles un peu grands; et enfin parce que le chef de pièce devant, selon cette méthode, ajuster l'objet par les deux côtés du canon, le mouvement du bâtiment ferait changer le pointage, tandis qu'il passerait d'un côté à l'autre.

On pourrait encore donner à l'axe de la pièce l'inclinaison qu'il doit avoir, selon la distance, au moyen de hausses ou pinnules graduées convenablement, qu'on appliquerait sur la partie supérieure du bourrelet, quand cette inclinaison devrait être moindre que l'angle de mire (1), et sur la plate-bande de la culasse, lorsqu'elle de-

---

(1) Cette hausse ou pinnule adaptée sur le bourrelet des pièces, pour le cas où l'axe doit faire avec l'horizontale un angle moindre que l'angle de mire, c'est-à-dire, pour le cas où il faut que la ligne de mire passe

vrait être plus grande; de manière qu'en dirigeant le rayon
visuel sur le point qu'on veut atteindre par la pinnule correspondante à la distance de ce point, la pièce se trouvât
avoir l'élévation convenable pour compenser la dépression du projectile. Ces pinnules, portant le nombre d'encâblures auxquelles elles devraient servir, paraissent à la
première vue d'un usage aussi facile que sûr; car la distance à l'ennemi étant connue, il n'y aurait plus qu'à
adapter la pinnule correspondante à cette distance, et à y
diriger le rayon visuel pour pointer à l'objet. Mais en y
réfléchissant un peu, on rencontre de grands inconvéniens dans la pratique : 1.° parce que les pinnules pour
le tir à boulet rond ne pourraient pas servir pour le boulet
ramé, ni celles du boulet ramé pour la mitraille, les abaissemens de ces trois espèces de projectiles, à la même
distance, étant très-différens; ce qui obligerait à trop
multiplier les hausses pour éviter un mécompte funeste
dans les combats; 2.° parce que chaque calibre et même
chaque pièce de fonte différente exigeraient des pinnules
différentes, à cause de la diversité des angles de mire, et
qu'il serait, par conséquent, très-difficile à bord de ne
pas commettre quelque équivoque, en adaptant à un canon
les pinnules d'un autre; 3.° parce que les petites entailles
destinées à recevoir ces hausses pourraient se combler en
tout ou en partie par la poussière ou le goudron, et
qu'alors leurs hauteurs au-dessus du canon étant changées,

---

au-dessous du but, est ce qu'on peut appeler une sorte de hausse négative.

(*Note du Traducteur.*)

il en résulterait de nouvelles erreurs dans les angles du pointage ; enfin parce que la nécessité de changer ces instrumens toutes les fois que la distance à l'ennemi varierait, ou selon l'espèce de projectiles qu'il conviendrait de lancer, causerait un grand embarras, et empêcherait que le feu n'eût la célérité qu'exigent certaines positions passagères dont il est important de profiter.

La méthode la plus simple de pointer l'artillerie à bord des vaisseaux, et la seule peut-être qui ne soit point susceptible d'objection dans la pratique, est de diriger la ligne de mire naturelle à un point au-dessus ou au-dessous de celui qu'on veut atteindre, d'autant de pieds que le projectile s'écarte en dessous ou en dessus de la ligne de mire. Sachant, par exemple, qu'à deux encâblures le boulet de 36, dont le canon a pour angle de mire $2°\ 23'$, frappe à 37 pieds au-dessus de la ligne de mire, il faut dans ce cas pointer à 37 pieds au-dessous du point qu'on veut atteindre. Mais comme l'élévation à donner à la ligne de mire par rapport à la direction de l'objet doit varier selon l'angle de mire des pièces et la distance, il en résulterait une multitude de règles qui rendrait cette méthode impraticable, sans le secours de tables formées de la manière que nous allons l'expliquer. Nous tâcherons d'être aussi clair que possible, afin de mettre le lecteur à même de bien concevoir le mécanisme de ces tables, et leur application dans la pratique.

Soit rc (fig. 1.re) la ligne supérieure du canon, ou la ligne de mire naturelle, supposée horizontale, et prolongée indéfiniment en $d, p, p', p''\ldots\ldots$

Soit *ab* l'axe de la pièce, prolongé aussi indéfiniment en *d, t, t', t''*.......; et soit enfin *bdmm' m''* la courbe que décrit le projectile. Le point *d* est la première intersection de la trajectoire et de la ligne de mire, le point *m'* en est la seconde. L'angle *tdp* est l'angle de mire, dont la tangente est *tp, t'p', t''p'*....., en prenant pour rayon la distance correspondante *dp, dp', dp''*.........; *tm* représente l'abaissement du projectile au-dessous de l'axe pour les points situés entre les deux intersections *d* et *m'*; et *t'' m''* l'abaissement pour les points qui se trouvent au-delà de la seconde intersection *m'*. Mais l'inspection de la figure montre par les différentes positions des points *m*, *m'* et *m''*, relativement à la ligne de mire :

1.º Que, quand l'objet est entre la première et la seconde intersections, le coup porte au-dessus de la ligne de mire d'une quantité $mp = tp - tm$.

2.º Que, lorsqu'il est situé au point même de l'une de ces deux intersections, où l'abaissement du projectile est égal à la tangente de l'angle de mire, le boulet y arrive en y pointant directement (1).

3.º Que, toutes les fois que l'objet se trouve au-delà de la seconde intersection, le coup passe au-dessous, d'une quantité $m''p'' = t''m'' - t''p''$.

---

(1) La seconde intersection de la ligne de mire naturelle avec la trajectoire du boulet est ce que nous appelons le *but-en-blanc*. On voit que, lorsque l'objet est à la distance du but-en-blanc de la pièce, il faut, pour l'atteindre, y viser directement. Au-delà, on doit pointer au-dessus; en deçà, il faut pointer au-dessous.

(*Note du Traducteur.*)

4.° Qu'enfin, dans tous les cas, la quantité dont il faut pointer au-dessous ou au-dessus de l'objet est égale à la différence entre la tangente de l'angle de mire de la pièce (les distances dp, dp', dp''....., étant prises pour rayons) et l'abaissement du projectile au-dessous de l'axe.

Donc, si pour chaque angle de mire des canons de tous les calibres, on calcule, pour les différentes distances auxquelles on peut se battre, les différences mp, $m'p'$, $m''p''$.........., et que l'on en forme une table, on aura pour chaque pièce d'artillerie dont l'angle de mire est connu, et pour chaque distance, la quantité de pieds précise dont il faut pointer au-dessous ou au-dessus du but pour pouvoir l'atteindre.

On voit, à l'inspection de la figure 2.°, qu'ayant supposé la ligne de mire rp'' horizontale, ce que nous venons de dire ne peut s'appliquer géométriquement aux cas où elle ferait un angle avec l'horizon; car les lignes verticales tq, $t'q'$, $t''q''$....., sont plus grandes que les tangentes tp, $t'p'$, $t''p''$..., qui elles-mêmes sont plus grandes que celles que l'on a employées dans la construction des tables, les rayons dp, dp', dp''....., étant plus grands que les distances horizontales. Mais comme on n'a jamais besoin de tirer à un point plus élevé que le trélingage des grands haubans d'un vaisseau à trois ponts, l'angle que peut faire la ligne de mire avec l'horizon est toujours assez aigu pour qu'il ne puisse influer d'une manière sensible sur la quantité dont il faut pointer au-dessus ou au-dessous de l'objet. La plus grande erreur possible à cet égard dans les tables ne sera jamais d'un pied dans le cas le plus défavorable, comme pourra le voir quiconque voudra se livrer à cet examen, pour lequel la connaissance des plus simples principes de trigonométrie rectiligne suffit.

Quoique, dans notre système d'artillerie, le point d ne soit jamais éloigné de plus de 25 pieds de la bouche de la pièce, et que cette légère différence entre les lignes cp, cp', cp''....., et les rayons dp, dp', dp''..... (fig. 1.re), n'altère pas sensiblement les valeurs des tangentes tp, $t'p'$, $t''p''$....., on en a néanmoins tenu compte dans la construction des tables, et l'on a pris 20 pieds pour la distance moyenne du point d à la bouche de la pièce (1).

Il suit de ce qui précède que si les abaissemens calculés pour chaque projectile sont conformes à ceux que donne l'expérience, ce qui a lieu, comme on le verra plus loin, les tables de pointage formées d'après ces principes doivent faire connaître l'ordonnée ou la distance de chaque point de la trajectoire à la ligne de mire naturelle, avec une exactitude suffisante dans la pratique, même quand la ligne de mire ferait avec l'horizon un

---

(1) Le temps que le projectile met à parcourir la distance bd (fig. 1.re) est si court, que, quand il arrive au point d, il n'a aucun abaissement sensible. La trajectoire doit être conséquemment regardée comme se confondant avec l'axe de la pièce pendant ce court trajet. La position du point d, que l'on considère alors comme l'intersection de l'axe avec la ligne de mire, se calcule exactement au moyen de la proportion

$$ro : rc :: cb : cd,$$

que donnent les triangles semblables cbd et roc, dans le dernier desquels co est parallèle à l'axe.

(*Note de l'Auteur.*)

angle quelconque, qui ne serait pas toutefois hors des limites de celui sous lequel on peut combattre. Ces tables donneront aussi, par une conséquence nécessaire, le point le plus élevé de la courbe sous un angle donné de projection (1), ainsi que la position que doit avoir l'objet pour qu'on puisse l'atteindre en y pointant directement. En effet, le point le plus élevé de la courbe est celui pour lequel l'ordonnée négative est la plus grande, ou l'abaissement de la ligne de mire *un maximum*. Et l'objet, pour qu'il soit atteint en y pointant directement, doit être situé au point pour lequel la différence entre la tangente de l'angle de mire et l'abaissement du projectile est nulle, ou l'ordonnée o, ce qui a lieu au point d'intersection de la trajectoire avec la ligne de mire.

Ceci se comprendra mieux par ce qui suit.

EXPLICATION ET USAGE DES TABLES.

TABLE PREMIÈRE.

Comparaison des abaissemens moyens observés dans le boulet rond avec ceux que donne le calcul.

La première colonne de chacune des deux parties qui composent cette table, indique les calibres qui furent

----

(1) On entend par *angle de projection* l'angle que fait l'axe de la pièce avec l'horizon. Quand la ligne de mire est horizontale, l'angle de mire est alors l'angle de projection.

(*Note de l'Auteur.*)

employés dans les expériences. La seconde montre le
nombre de coups tirés par chaque pièce, desquels on
déduisit l'abaissement moyen, qu'on voit sur la même
ligne, dans la troisième colonne. La quatrième contient
les abaissemens résultans du calcul pour chaque calibre,
à la distance à laquelle les expériences eurent lieu; et la
cinquième renferme les différences entre les résultats res-
pectifs de la troisième et de la quatrième colonnes.

On remarque que la différence entre les abaissemens
moyens observés à la première distance, de deux encâblures, pour les quatre plus forts calibres, et les résultats de la théorie, est moins de $^3/_4$ de pied; ce qui fit
paraître inutile de continuer les expériences pour les
deux derniers des six calibres qui s'emploient sur les
bâtimens du Roi. Si, à la distance de trois encâblures,
cette différence est plus grande dans les calibres de 24,
de 18 et de 12, on remarque encore :

1.ª Qu'elle est très-petite par rapport aux abaissemens
de 55 et 56 pieds, et conséquemment susceptible d'être
négligée dans la pratique.

2.º Que les résultats moyens de certains phénomènes,
essentiellement variables entr'eux, ne peuvent s'offrir à
l'observateur entièrement exempts de certaines anomalies
ou irrégularités inhérentes à ce genre d'expériences, dans
lesquelles il est impossible de procéder avec l'exactitude
et la précision qu'on peut apporter dans les autres; et
que, par conséquent, cette différence ne prouve rien
contre les résultats obtenus de la théorie.

5.º Que, même à la distance précitée de trois encâblures, la plus grande à laquelle des bâtimens puissent
se battre pendant quelque temps, les abaissemens moyens
observés dans le 36, le 8 et le 6, sont d'accord avec ceux
que donne le calcul; ce qui justifie en faveur de ces der—
niers la confiance que doit inspirer leur conformité avec
les expériences faites à la première distance.

Quoique cette table ne soit point nécessaire dans cette
Instruction, on a néanmoins cru convenable de l'y insérer,
afin que le témoignage des expériences entreprises par
ordre de Sa Majesté pût détruire toute prévention contraire à l'usage des tables de pointage.

TABLE SECONDE.

*Extrait des expériences faites sur l'abaissement du
boulet ramé.*

Cette table n'exige aucune explication, étant suffisam—
ment claire par elle-même. Elle n'est nécessaire non plus
dans cette Instruction que pour faire voir sur quels principes les abaissemens du boulet ramé ont été calculés.

Comme ce projectile est un corps irrégulier, dont la
trajectoire ne peut être soumise au calcul, ses abaissemens ne purent se connaître que par l'expérience. Ayant
donc observé, ainsi qu'on le voit par la concordance, digne
de remarque, des nombres des troisième et quatrième
colonnes, et de ceux des huitième et neuvième, que l'a-

baissement du boulet ramé est les $^3/_2$ de celui du boulet rond, ou que l'abaissement du boulet rond est à celui du boulet ramé de même calibre, dans des trajets égaux, dans le rapport constant de 2 à 3, ce fut sur ce principe (1) que l'on forma les tables de pointage pour cette espèce de projectile, adoptant pour base fondamentale la dépression calculée du boulet rond, dont l'exactitude est suffisamment prouvée, surtout jusqu'à la distance de 3 encâblures, la plus grande où l'on puisse employer le boulet ramé (2).

TABLE TROISIÈME.

Abaissemens calculés du boulet rond des différens calibres, et angles correspondans d'élévation de l'axe de la pièce par rapport à la direction de l'objet.

La première colonne à gauche contient en encâblures les différentes distances horizontales pour lesquelles on a

---

(1) Ce que nous disons ici sur le rapport des dépressions du boulet rond et du boulet ramé, n'est relatif qu'au boulet ramé de fer battu en usage sur les bâtimens de l'État; car tout autre projectile de cette espèce, différent de figure, de poids et de vent, aurait plus ou moins d'abaissement dans des trajets égaux.

(Note de l'Auteur.)

(2) Si la portée du boulet rond est à celle du boulet ramé à peu près comme 3 : 2, selon l'opinion générale de nos artilleurs, fondée sur des expériences répétées, on en conclut que les abaissemens de ces deux projectiles sont en raison inverse de leurs portées.

(Note de l'Auteur.)

calculé les abaissemens et les angles d'élévation relatifs à chaque calibre, et qu'on voit dans les colonnes suivantes, sous le calibre correspondant. Ces angles sont ceux que l'axe de la pièce doit former avec la direction du point qu'on veut atteindre, pour tenir compte de la dépression du boulet, et le faire arriver à ce point.

Quoique cette table soit encore inutile dans cette Instruction, on a cependant cru devoir l'y insérer pour ceux qui adopteraient quelqu'une des méthodes de pointage que nous avons indiquées au moyen de lignes de mire latérales, ou de hausses ou pinnules adaptées sur le dessus du canon; elle leur est indispensable pour l'application de ces méthodes.

TABLES DE POINTAGE

Depuis la quatrième (comprise) jusqu'à la vingt et unième, inclusivement.

Ayant exposé les principes sur lesquels repose la construction des tables de pointage relatives aux boulets, il nous reste à dire, quant à celles qui concernent la mitraille, qu'on y a suivi la loi observée entre le boulet rond et le boulet ramé : savoir que *les abaissemens du boulet ramé sont à ceux du boulet rond dans le rapport inverse des portées de ces projectiles.* La portée du boulet rond ayant donc été supposée par rapport à celle de la mitraille à peu près comme 11 est à 5, ainsi qu'il résulte de différentes expériences, on a déduit des abaissemens du boulet rond

ceux de la mitraille, au moyen du rapport inverse de 5
à 11; car il n'y a aucune raison pour que cette loi ne
puisse s'appliquer ici, comme dans le cas du boulet ramé,
sans erreur sensible.

Dans toutes les tables, la première colonne horizontale
renferme les différentes distances de la batterie à l'objet,
mesurées horizontalement en encâblures de 720 pieds (1),
ou 120 brasses. La première colonne verticale à gauche
contient les divers angles de mire qui peuvent se rencontrer dans les canons d'un même calibre, en raison de
l'inégalité des demi-différences de leurs diamètres de culasse et de volée. Enfin, chacun des nombres qui composent
une table quelconque exprime en pieds la quantité dont
il faut pointer, suivant la ligne de mire naturelle, au-
dessus ou au-dessous de l'objet, à la distance marquée au
haut de la colonne où se trouve ce nombre, et selon
l'angle de mire indiqué sur le même alignement dans la
première colonne verticale. Les nombres précédés du signe
— doivent se prendre en dessous du point qu'on veut atteindre; ceux qui sont affectés du signe + doivent au
contraire se compter en dessus du même point, c'est-à-
dire qu'il faudra pointer au-dessous ou au-dessus de

____

(1) Le pied espagnol est un peu plus petit que le pied français. Il
faut 13 pouces 9 lignes du pied de Castille, qui est celui dont on se
sert dans tous les arsenaux et ateliers de la marine espagnole, pour
faire un pied de France. La brasse d'Espagne vaut 6 pieds de ce pays.
Chez nous, notre brasse vaut 5 de nos pieds, et notre encâblure 120
brasses ou 600 pieds.

(Note du Traducteur.)

l'objet selon que le nombre qu'on rencontrera dans la table aura le signe — ou le signe + (1).

EXEMPLE PREMIER.

Supposons que l'angle de mire des canons de la batterie de 36 d'un vaisseau soit de 2° 20'. On demande de combien de pieds, en tirant à boulets ronds, on doit pointer au-dessus ou au-dessous d'un objet distant de deux encâblures.

Cherchez dans la première colonne horizontale de la table IV, relative au calibre de 36, la distance donnée 2 encâblures. Vous la trouvez au haut de la sixième colonne verticale. Descendez le long de celle-ci jusqu'à ce que vous soyez vis-à-vis de l'angle de mire donné. Le nombre 36 se trouve à la rencontre, et, comme il est précédé du signe —, il indique que l'on doit diriger la ligne de mire naturelle à un point situé à 36 pieds au-dessous de celui qu'on veut atteindre.

EXEMPLE II.

Si, avec la même artillerie, on veut tirer à boulets ronds contre un but distant de 4 $\frac{3}{4}$ encâblures, on procédera

---

(1) Les jeunes lecteurs qui, n'ayant pas étudié les mathématiques, voudraient néanmoins faire usage de ces tables de pointage, ne doivent point se laisser effrayer par les signes algébriques + et —. Ils ne servent ici qu'à indiquer dans quel cas il faut pointer au-dessus ou au-dessous du but. Les nombres qui semblent ne pas avoir de signe dans

comme ci-dessus, et le nombre 25, affecté du signe +, qu'on trouvera à la rencontre des deux colonnes qui correspondent à la distance 4 ¾ et à l'angle de mire 2° 20', indiquera qu'il faut pointer à 25 pieds au-dessus de l'objet qu'on désire battre.

EXEMPLE III.

On veut tirer à boulets ramés, avec les mêmes pièces de 56 que dans les deux exemples précédens, au trélingage des grands haubans d'un vaisseau éloigné de deux encâblures, et l'on désire savoir où l'on doit pointer.

Dans la colonne verticale 2 *encâblures* de la table V, relative au tir à boulet ramé du canon de 56, et sur l'alignement de 2° 20', on trouve le nombre 24, précédé du signe —. Donc, pour que le boulet ramé arrive au trélingage des grands haubans, il faut pointer à 24 pieds plus bas.

EXEMPLE IV.

Si l'on veut tirer à mitraille au gaillard d'arrière d'un vaisseau situé à 1 ¼ encâblure de distance, avec la même artillerie que dans les exemples qui précèdent, on trouve dans la table VI, relative au pointage du 56 à mitraille, le nombre — 18, à la rencontre des colonnes 1 ¼ *encâ-*

---

les tables sont sous l'influence du dernier qui précède sur le même alignement. C'est pour la netteté et pour éviter la confusion que l'auteur a suivi cette disposition.

(*Note du Traducteur.*)

blure et 2° 20′. Il faut donc pointer à 18 pieds au-dessous du gaillard d'arrière; c'est-à-dire, en supposant que l'on veuille que les coups portent à 5 pieds au-dessus du pont, qu'il faut pointer, si c'est contre un vaisseau de 74 ou de 80, à mi-distance de la flottaison à la première batterie.

EXEMPLE V.

L'ennemi est à 2 ¼ encâblures de distance; et l'on veut tirer à boulets ramés avec les pièces de la première batterie, contre la muraille de son gaillard d'arrière, et avec celles de la seconde, contre le trélingage de ses grands haubans. On demande où l'on doit pointer dans l'une et l'autre batteries. Les canons de 36 ont pour angle de mire 2° 20′, et celui des pièces de 18 est de 1° 30′.

A la rencontre de la septième colonne verticale de la table V avec la colonne horizontale répondant à l'angle 2° 20′, on trouve le nombre — 22. Donc il faut pointer les pièces de la première batterie à 22 pieds au-dessous du point qu'on veut battre, c'est-à-dire, dans le cas dont il s'agit, à 2 pieds environ au-dessus de la flottaison.

Dans la table XI, sous la distance donnée, et en face de l'angle 1° 30′, on trouve o. Ce qui veut dire que l'objet qu'on veut battre avec les pièces de la 2.ᵉ batterie, est à l'intersection de la ligne de mire avec la trajectoire. Donc il faut y pointer directement, ou de but-en-blanc.

EXEMPLE VI.

Un vaisseau ennemi de 74 est à la distance de 1 ²/₄

encâblure, et l'on veut le battre en plein bois à boulets ronds avec toute l'artillerie des batteries. Où doit-on pointer dans chacune d'elles? Les pièces de 36 de la première ont pour angle de mire 2° 20′ ; celles de 18 de la seconde, 1° 50′ ; et les canons de 8 des gaillards, 1° 25′.

Par la table IV, il faut pointer les pièces de la première batterie à 34 pieds plus bas que l'objet. Mais ici cela ne se peut, puisque un vaisseau de 74, et même un vaisseau à trois ponts, n'a pas cette élévation au-dessus du niveau de la mer. Pointât-on même à la ligne de flottaison, que les boulets passeraient encore par dessus le corps du bâtiment.

La table X, relative au 18, donne — 24 pieds pour le pointage de la seconde batterie. Mais comme la hauteur totale du corps d'un vaisseau de 74 est au plus de 23 pieds, en y comprenant 5 pieds de muraille du gaillard d'arrière, il s'ensuit que, bien même que l'on pointât à la flottaison, quelques boulets, par hasard seulement, pourraient atteindre la coque du bâtiment.

Enfin, on voit par la table XVI que l'artillerie des gaillards doit être pointée à 15 pieds plus bas que l'objet qu'on veut battre.

Il s'ensuit donc que, dans le cas dont il s'agit, il n'est possible d'avoir un pointage sûr pour battre à boulets ronds le corps d'un vaisseau ennemi, qu'avec les pièces des gaillards. Si, pour y remédier, on avait recours aux boulets ramés, la table V montre que la première batterie n'aurait pas plus de point de mire, donnant

— 26 pieds pour ce point, et la hauteur totale du corps
du vaisseau n'en ayant pas plus de 23.

Quant à la seconde batterie, la table XI indique qu'avec
les boulets ramés il faudrait pointer à 16 pieds au-dessus
de l'objet. Si donc le bâtiment ennemi, au lieu d'être un
vaisseau de 74, était une frégate, aucune des deux batteries
principales ne pourrait en atteindre le corps ni à boulets
ronds ni à boulets ramés.

Cet exemple fait voir combien de munitions ont dû être
perdues dans les combats sur mer, même à de petites distances, pour n'avoir pas tenu compte de l'angle que la
ligne de mire fait avec l'axe de la pièce. Il montre encore
combien il est essentiel que cet angle ne soit pas trop
grand; car on voit par la table IV, qu'un canon de 36
dont l'angle de mire s'élève jusqu'à 2° 20', ce qui arrive
souvent, n'a pas de point de mire jusqu'à $3\frac{1}{2}$ encâblures,
pour battre à boulets ronds la coque d'un bâtiment dont
la hauteur au-dessus du niveau de la mer est moins de
23 pieds, puisque, en pointant même à la flottaison, les
boulets passent encore par dessus. Dans ce cas, il faut
avoir recours aux boulets ramés ou à la mitraille, selon
la distance, pointer à la mer, en estimant à l'œil ce qui
manque au navire ennemi d'élévation au-dessus de l'eau
pour pouvoir donner à la ligne de mire l'inclinaison convenable, ou faire varier la distance, jusqu'à ce que l'on
ait un objet de pointage ou que l'on puisse battre les trélingages. Mais ces manœuvres ne sont souvent ni conve-
nables ni possibles. Un capitaine de vaisseau ou un
commandant de bâtiment quelconque peut donc se

trouver souvent embarrassé au moment du combat, si,
avant de prendre la mer, il n'a pas eu la précaution de
faire diminuer l'angle de mire de ses pièces, en faisant
adapter, dans les directions d'artillerie, quelque guidon
au-dessus du bourrelet, pour augmenter leur diamètre
vertical à ce point. Car il doit savoir qu'un vaisseau faisant
partie d'une escadre, ne peut s'écarter de la ligne de bataille
pour augmenter ou diminuer la distance à l'ennemi; que ne
pouvant serrer d'aussi près qu'il le voudrait une frégate
qui est au vent, il ne doit pas non plus s'en éloigner pour
pouvoir la canonner; enfin qu'il est certaines positions
favorables pour le combat, dans lesquelles on n'a pas
même la ressource du boulet ramé avec le calibre de 36,
comme on vient de le voir dans cet exemple, où la distance qui y est supposée est encore trop grande pour que
l'on puisse faire un bon usage de la mitraille avec la première batterie.

EXEMPLE VII.

Le même vaisseau que dans l'exemple précédent, ou
tout autre possédant la même artillerie, chasse une frégate
ennemie distante de 5 $\frac{1}{2}$ encâblures. On voudrait envoyer quelques boulets ronds à ses trélingages, et l'on
demande où l'on doit pointer.

Dans la table IV, sous la distance donnée, et vis-à-vis
de l'angle 2° 20', on trouve le nombre $+74$, qui indique
que la première batterie doit ajuster à 74 pieds au-dessus
de l'objet que l'on désire battre.

La table X, sous la même distance, et en face de l'angle 1° 5o', donne + 124 pieds pour la quantité dont il faut élever la ligne de mire au-dessus du but, avec les canons de la seconde batterie. Enfin la table XVI montre qu'à la distance donnée, les pièces des gaillards, ayant 1° 25' d'angle de mire, doivent être pointées à 188 pieds au-dessus de l'objet qu'on veut atteindre. Mais le point le plus élevé de la mâture d'une frégate de 4o canons ne dépasse pas de 106 pieds la hauteur de la grande hune. Donc on ne peut avoir de point de mire pour tirer à boulets ronds des gaillards et de la seconde batterie du vaisseau contre les trélingages de la frégate; et avec les pièces de la batterie de 36, il faudrait, pour atteindre le trélingage de ses grands haubans, viser à hauteur de la moitié du grand mât de perroquet.

EXEMPLE VIII.

On veut tirer à boulets ronds, avec une artillerie de 18, dont l'angle de mire est supposé de 1° 52' 5o", contre un but éloigné de 5 1/2 encâblures. On demande de combien il faut pointer au-dessus ou au-dessous du but.

Ici, l'angle de mire donné ne se trouve point exactement dans la table X, relative au calibre de 18. Mais on remarque qu'il est compris entre les deux angles contigus 1° 3o' et 1° 35'.

Pour le premier de ces deux angles, la même table montre qu'il faut pointer à 14 pieds au-dessus du but, et à 10 pieds pour le second. Et comme l'angle de mire donné est, à peu de chose près, moyen entre les angles 1° 3o′ et 1° 35′, la hauteur à laquelle il faut pointer au-dessus du but doit être aussi moyenne entre les nombres 14 et 10. Elle est donc de 12, en prenant la demi-somme de ces nombres. C'est-à-dire qu'avec l'artillerie supposée, il faut pointer à 12 pieds au-dessus du but pour pouvoir l'atteindre.

Si l'on voulait obtenir une plus grande précision, qui, au reste, n'est nécessaire dans ce cas ni dans aucun autre, on ferait cette proportion :

$$5' \text{ ou } 3oo'' : 2' \text{ } 5o'' \text{ ou } 17o'' :: 4^{\text{pi}} \text{ (différence entre les deux nombres contigus de la table) } : x = \frac{4 \times 170}{3oo} = 2^{\text{pi}},27.$$

Retranchant donc $2^{\text{pi}},27$ de 14 pieds, puisque les nombres de la table vont en diminuant, on aura $11^{\text{pi}},73$ pour la quantité dont il faut pointer au-dessus du but, au lieu de 12^{pi}, qu'on avait obtenus par le premier moyen.

EXEMPLE IX.

Une pièce de 8, ayant un angle de mire de 1° 35′ 3o″, doit tirer à boulets ronds contre un but distant de 3 en-câblures. Où faut-il la pointer ?

L'angle de mire donné tombe entre les deux angles contigus 1° 3o′ et 1° 35′ de la table XVI, relative au calibre de 8.

Pour le premier de ces deux derniers angles, la même table montre qu'à la distance donnée, il faut pointer à

1 pied au-dessus du but, et à 2 pieds au-dessous pour le second.

Établissant donc la même proportion que tout à l'heure, et observant que la différence entre les nombres $+$ 1 et $-$ 2, de signes contraires dans la table, est $+$ 3, on a :

$$5' : 3'\, ^1/_2 :: 3 : x = \frac{3\,^1/_2 \times 3}{3} = 2^{p},1 = 2 \text{ pieds, en}$$

négligeant la fraction décimale.

Retranchant donc, comme dans l'exemple précédent, ce nombre 2 pieds du nombre supérieur $+$ 1, il vient $-$ 1 pied pour le nombre cherché. C'est-à-dire qu'il faut pointer à un pied au-dessous du but.

EXEMPLE X.

Une pièce de 8, ayant un angle de mire de 1° 30', doit tirer à boulets ronds contre un but distant de 3 $^3/_8$ encâblures. A combien de pieds doit-on pointer au-dessus ou au-dessous de ce but ?

Ici, ce n'est plus l'angle de mire donné qui ne se trouve pas dans la table, c'est la distance. Mais on remarque qu'elle tombe *(table XVI)* entre les deux distances 3 $^1/_4$ et 3 $^1/_2$ encâblures, qui ne sont autre chose que 3 $^2/_8$ et 3 $^4/_8$ encâblures.

Pour la première de ces distances, la même table montre qu'avec l'angle de mire donné il faut pointer à 9 pieds au-dessus du but et à 19 pour la seconde. Mais la distance donnée 3 $^3/_8$ encâblures étant moyenne entre les distances consécutives $3\,{}^{2}/_{8}$ et $3\,{}^{4}/_{8}$ encâblures, la hauteur à laquelle il faut pointer au-dessus du but doit être aussi moyenne entre les nombres 9 et 19. Elle est par conséquent de 14. C'est-à-dire qu'il faut pointer à 14 pieds au-dessus du but.

Si la distance donnée n'était pas juste moyenne entre deux distances consécutives de la table, qu'elle fût, par exemple, de $3\,{}^{1}/_{3}$ encâblures, on remarquerait que la différence de ${}^{1}/_{4}$ à ${}^{1}/_{3}$ est à peu près la même que celle de ${}^{1}/_{3}$ à ${}^{1}/_{2}$, et que la distance $3\,{}^{1}/_{3}$ encâblures peut être conséquemment regardée comme moyenne exacte entre les deux distances consécutives $3\,{}^{1}/_{4}$ et $3\,{}^{1}/_{2}$ encâblures, une plus grande précision étant inutile (1).

EXEMPLE XI.

On veut, avec le même canon que dans l'exemple précédent, tirer à boulets ronds contre un but distant de $2\,{}^{7}/_{8}$ encâblures. On désire savoir où le pointage doit être dirigé.

La distance $2\,{}^{7}/_{8}$ tombe dans la table XVI entre les distances $2\,{}^{3}/_{4}$ et 3, qui ne sont autre chose que $2\,{}^{6}/_{8}$ et $2\,{}^{8}/_{8}$.

---

(1) On peut encore remarquer que la distance donnée $3\,{}^{1}/_{3}$ encâblures n'est autre chose que $3\,{}^{3}/_{9}$ encâblures, qui ne diffèrent de $3\,{}^{3}/_{8}$, moyenne exacte entre les deux distances consécutives $3\,{}^{1}/_{4}$ et $3\,{}^{1}/_{2}$ de la table, que de ${}^{1}/_{24}$, quantité qu'on peut négliger.

(Note du Traducteur.)

Pour la première de ces deux distances, la même table montre qu'il faut pointer à 5 pieds au-dessous du but, et à 1 pied au-dessus pour la seconde.

Mais la distance donnée étant exactement moyenne entre 2 $\frac{6}{8}$ et 2 $\frac{8}{8}$, ou 2 $\frac{3}{4}$ et 3, la quantité dont il faut pointer au-dessus ou au-dessous du but doit être aussi moyenne entre les nombres — 5 et + 1. Or, leur somme est — 4, dont la moitié est — 2. Donc il faut pointer à 2 pieds au-dessous du but.

EXEMPLE XII.

On veut, avec une pièce de 24, ayant un angle de mire de 1° 42′, tirer à boulets ramés contre un but éloigné de 2 $\frac{3}{8}$ encâblures. On demande où l'on doit pointer.

Ici, ni l'angle ni la distance ne se trouvent dans la table VIII, relative au pointage à boulets ramés des canons de 24. On raisonnera donc ainsi :

La distance donnée 2 $\frac{3}{8}$ tombe entre les distances 2 $\frac{1}{4}$ et 2 $\frac{1}{2}$, qui ne sont autre chose que 2 $\frac{2}{8}$ et 2 $\frac{4}{8}$.

L'angle de mire donné 1° 42′ tombe entre les angles 1° 40′ et 1° 45′.

Pour la distance 2 $\frac{2}{8}$ ou 2 $\frac{1}{4}$, la table montre que, pour l'angle 1° 40′, il faut pointer à 4 pieds au-dessous du but.

Pour la distance 2 $\frac{4}{8}$ ou 2 $\frac{1}{2}$ la même table indique que, pour le même angle 1° 40′, il faut pointer à 2 pieds au-dessus du but.

Mais la distance 2 $\frac{3}{8}$ étant moyenne exacte entre 2 $\frac{2}{8}$ et 2 $\frac{4}{8}$, la quantité dont il faut pointer au-dessus ou au-dessous du but, à cette distance et pour un angle de 1° 40', doit être aussi moyenne entre les nombres — 4 et + 2. Elle est donc de — 1. Donc, à la distance donnée, et pour un angle de mire de 1° 40', il faut pointer à 1 pied au-dessous du but.

En raisonnant de même pour l'angle 1° 45', on trouvera qu'à la distance donnée et pour cet angle, il faut pointer à 3 pieds au-dessous du but.

La question est alors ramenée au cas de l'exemple VIII, qu'on a vu, et où il s'agit de déterminer, à une distance donnée, le pointage pour un angle de mire compris entre deux angles consécutifs de la table. Etablissant donc, comme dans cet exemple, la proportion

5' : 2' : : — 2$^{\text{pi.}}$ (différence entre les nombres — 1 et — 3) : x, on a $x = -\frac{4}{5} = -0^{\text{pi.}},8$.

Ajoutant, par conséquent, 0$^{\text{pi.}}$,8 à — 1$^{\text{pi.}}$, puisque les nombres augmentent avec les angles, on a — 1$^{\text{pi.}}$,8. C'est-à-dire qu'il faut pointer à 1$^{\text{pi.}}$,8, ou 2 pieds, à peu près, au-dessous du but.

EXEMPLE XIII.

Toutes les pièces d'une batterie de 36 ont un même angle de mire de 2° 20', sans différence notable. On voudrait avoir un tableau au moyen duquel on pût savoir de suite de combien l'on doit pointer au-dessous ou au-dessus du but, en tirant à boulets ronds, à boulets ramés et à mitraille, à l'une quelconque des distances des tables.

Prenez dans la table IV, relative au boulet rond de 36, la première colonne horizontale, renfermant les distances, et écrivez sous ces dernières, avec leurs signes, les nombres qui leur correspondent pour l'angle de mire de 2° 20', en plaçant la lettre B à la gauche de cette nouvelle colonne, afin d'indiquer qu'elle appartient au tir à boulet ordinaire ou boulet rond.

Inscrivez également sous ces mêmes distances les nombres de la table V (avec leurs signes) qui leur correspondent pour le même angle de mire 2° 20', et désignez cette troisième colonne par la lettre R, pour montrer qu'elle appartient au boulet ramé.

Ecrivez enfin de la même manière les nombres de la table VI correspondans au même angle de mire, et marquez cette dernière colonne de la lettre M, initiale du mot mitraille.

Vous aurez ainsi d'avance sur une simple bande de papier la solution de tous les cas que le pointage de l'artillerie en question peut offrir à la mer. Et en ayant soin de former les caractères un peu gros, on pourra toujours les lire aisément, quelle que soit la fumée dont la batterie puisse être enveloppée.

EXEMPLE XIV.

L'angle de mire des pièces de la batterie de 36 d'un

vaisseau est de 2° 21′ 54″; celui des pièces de la batterie
de 18, de 1° 57′; et enfin celui des canons de 8 des gaillards, de 1° 26′ 30″. On veut, avant de prendre la mer,
dresser un tableau qui offre de suite, pour chacune des
trois batteries, la quantité dont il faut pointer au-dessous
ou au-dessus du but, avec chacune des trois espèces de
projectiles, à l'une quelconque des distances des tables.

Pour déterminer le pointage à boulets ronds relatif à
la première batterie, on procédera de la manière suivante:

Prenez dans la table IV la colonne horizontale des distances, comme dans l'exemple précédent; et remarquez
que les nombres — 25 et — 24 qui se trouvent dans la
seconde colonne verticale, en regard des angles 2° 20′ et
2° 25′, ne diffèrent entr'eux que d'une unité. La partie
proportionnelle correspondante à 1′ 54″ est donc moins
d'un demi-pied (qu'on peut négliger), puisque 5′ de différence entre les angles ne donnent qu'un pied de différence entre les nombres correspondans — 23 et — 24.
Écrivez-donc pour premier terme, sous la distance 1 encâblure, le nombre — 23.

Les nombres 28 et 29 qui se rencontrent dans la colonne suivante, vis-à-vis des deux angles entre lesquels
est compris l'angle de mire donné, ne diffèrent non plus
que d'une unité. La partie proportionnelle correspondante à l'excès 1′ 54″ de l'angle donné sur 2° 20′, étant
encore moins d'un demi-pied, peut encore être négligée.
Écrivez-donc pour second terme, sous la distance 1 ¼,
le nombre 28, qui sera, ainsi que les suivans, sous l'influence du signe —, qui affecte le premier.

En face des mêmes angles, dans la colonne 1 $^1/_2$, se trouvent les nombres 31 et 33, dont la différence est de 2 pieds.
La partie proportionnelle correspondante à 1' 54'' étant
de 0$^{\text{pi.}}$,76, ou environ $^3/_4$ de pied, vous aurez, en ajoutant 1 pied entier à 31, le nombre 32 pour le troisième
terme de votre série, que vous inscrirez sous la distance
1 $^1/_2$ encâblure.

Dans la colonne suivante on rencontre les nombres 34
et 36, qui, différant encore de 2 pieds, donneront, par
les mêmes raisons que tout à l'heure, 35 pieds pour le
quatrième terme, que vous écrirez sous la distance 1 $^3/_4$ encâblure.

Le cinquième terme se trouvera de même être 37 pieds,
qui se poseront sous la distance 2 encâblures.

Dans la colonne 2 $^1/_4$ on rencontre les nombres 36 et
39, dont la différence est 3. La partie proportionnelle à
ajouter à 36 est 1$^{\text{pi.}}$,1, ou simplement 1 pied, en négligeant la fraction. On aura donc 37 pour le sixième terme
de la série, et on l'écrira sous la distance 2 $^1/_4$ encâblures.

Le septième sera encore 37 pour la distance 2 $^1/_2$ encâblures.

Dans la colonne 2 $^3/_4$, les nombres 35 et 37 donnent
36 pour le huitième terme.

Les nombres suivans 32 et 35, qui diffèrent de 3 pieds,
comme pour le sixième terme, donneront 1 pour partie
proportionnelle à ajouter à 32, et le neuvième terme sera
par conséquent 33, qu'on écrira sous la distance 3 encâblures.

Dans la colonne 3 ¼, on trouve 28 et 32, dont la différence 4 donne, pour partie proportionnelle correspondante à 1′ 54″, 1ᵖⁱ,52, ou un peu plus de 1 ½ pied. En supposant 2 pieds, et en les ajoutant à 28, on a 30 pour le dixième terme de la série, qu'on inscrira sous la distance 3 ½ encâblures.

Les nombres suivans 23 et 27, dont la différence est encore 4, fourniront la même partie proportionnelle 2 pieds, qui, ajoutés à 23, donneront 25 pour le onzième terme à écrire sous la distance 3 ½ encâblures.

Dans les colonnes 3 ¾, et 4 on rencontre les nombres 17 et 21, 9 et 13; et comme leurs différences sont encore de 4 pieds, les douxième et treizième termes seront 19 et 11, que l'on inscrira sous leurs distances respectives.

Dans la colonne 4 ¼, on trouve + 1 et — 4, dont la différence est — 5. La partie proportionnelle — 2 ajoutée à + 1 donne — 1 pour le quatorzième terme de la série, qui s'écrira sous la distance 4 ¼ encâblures.

Viennent dans la colonne suivante les nombres 11 et 7, tous deux avec le signe +. Leur différence est 4, et la partie proportionnelle correspondante à 1′ 54″, un peu plus grande que 1 ½ pied, comme dans le cas du dixième terme. Mais les nombres de la table allant en diminuant, il faut retrancher du plus grand la partie proportionnelle, que nous supposerons de 2 pieds. Vous aurez donc pour le quinzième terme de la série le nombre + 9, que vous inscrirez sous la distance 4 ½ encâblures, avec son signe.

Dans la colonne 4 $^3/_4$ on trouve les nombres 25 et 20 ; qui donnent, après tout calcul fait, 23 pour le seizième terme.

Procédant toujours de même, et négligeant les fractions au-dessous d'un demi-pied, vous obtiendrez pour les 17.ᵉ, 18.ᵉ, 19.ᵉ, 20.ᵉ et 21.ᵉ termes, les nombres 37, 54, 72, 93 et 115, que vous écrirez sous leurs distances respectives.

En opérant sur les tables V et VI, comme on vient de le faire sur la table IV, on obtiendra pour le pointage à boulet ramé et à mitraille deux pareilles séries, qui, avec la première, formeront pour la batterie de 36 le tableau suivant.

TABLE

INDIQUANT de combien de pieds il faut pointer, selon la distance, au-dessous ou au-dessus du but, en tirant à boulet rond, à boulet ramé et à mitraille, d'une batterie de 36 dont les pièces ont pour angle de mire 2° 21' 54".

PROJECTILES.	DISTANCES EN ENCABLURES.																				
	1	1¼	1½	1¾	2	2¼	2½	2¾	3	3¼	3½	3¾	4	4¼	4½	4¾	5	5¼	5½	5¾	6
B...	—23	28	32	35	37	37	37	36	33	30	25	19	11	1	+9	23	37	54	72	93	115
R...	—21	24	28	28	27	25	21	16	9												
M...	—17	18	17	15	10																

A l'aide des tables X, XI et XII, on formera, comme on vient de le faire pour le 36, un semblable tableau pour la seconde batterie, supposée armée avec des pièces de 18, ayant un angle de mire de 1° 37'; et au moyen des tables XVI, XVII et XVIII, on en formera un troisième pour les canons de 8 des gaillards.

Ces tableaux, en faisant connnaître d'avance aux officiers d'artillerie qui commandent dans les batteries, les points qui doivent être ajustés à chaque distance, selon l'espèce de projectiles, ont l'avantage de les mettre à même de pouvoir se graver dans la mémoire, avant de prendre la mer, les nombres les plus nécessaires à retenir, et qui sont compris depuis une jusqu'à trois encâblures. La quantité ne s'en élevant pas au-dessus de 23, comme on peut le voir par le tableau ci-dessus, qui en contient 9 pour le boulet rond, autant pour le boulet ramé, et 5 pour la mitraille, il sera aisé de les apprendre par cœur. Ils suffisent pour tous les cas qui peuvent s'offrir dans une action navale bien conduite. Quant à ceux qui sont relatifs au tir à boulet rond au-delà de trois encâblures, il est inutile de s'en charger la mémoire, parce que le feu, à de grandes distances, n'est ni ne doit être jamais vif, et qu'on peut dans ce cas consulter les tableaux que nous venons de former.

Quoique l'artillerie de marine n'emploie point ordinairement de canons dont l'angle de mire soit au-dessous de 1° 10' dans les petits calibres, et au-dessus de 2° 25', dans les grands, on a cru néanmoins convenable d'étendre un peu les tables au-delà de ces limites, parce qu'une goutte

de métal , arrêtée pendant la coulée sur la partie supérieure de la volée ou de la culasse, ou tout autre accident,
peut diminuer ou augmenter l'angle de mire, comme on
le voit par ces différences notables qu'on remarque dans
les angles de mire des différentes pièces d'un même calibre et d'un même modèle, et qui ne proviennent que des
inégalités que présente la superficie de plusieurs de nos
canons. Toutefois, l'exemple VI et l'inspection des tables
prouvant d'une manière évidente qu'aux distances bonnes
pour combattre, les angles de mire au-dessus de 1° 30′
ne conviennent pas, nous recommandons à tous les capitaines de vaisseau, et en général à tous les commandans
de bâtiment, d'avoir soin, avant de prendre la mer, de
faire diminuer tous ceux qui dépassent cette limite, en
faisant augmenter le diamètre vertical du bourrelet, au
moyen de quelque guidon, pinnule, ou tout autre corps,
qui puisse s'enlever, au cas où l'on veuille envoyer quelques bordées à de très-grandes distances ; car l'exemple
VII fait voir que , dans ce cas, lorsque l'angle de mire
n'est pas grand, la mâture de l'ennemi n'offre aucun point
de mire.

Tous les canons de marine de 36 devraient être munis
d'avance de cet appareil , construit de manière à réduire
l'angle de mire à 1° 30′ ou à 1° 20′, et facile à enlever
et à replacer au besoin. Pour éviter les erreurs et toute
méprise dans l'usage des tables, on pourra former alors
une table particulière, comme nous allons l'expliquer dans
l'exemple suivant.

EXEMPLE XV.

L'angle de mire naturel des pièces de 36 d'un vaisseau est, terme moyen, de 2° 21′ 54″, comme dans l'exemple précédent ; et au moyen d'un appareil quelconque ou de pinnules adaptées sur le bourrelet, il se trouve réduit à l'angle de mire artificiel de 1° 20′. Former une table de pointage pour toutes les distances des tables.

On formera d'abord pour l'angle artificiel de 1° 20′ un tableau semblable à celui de l'exemple XIV, que l'on poussera seulement jusqu'à 4 encâblures. Puis, pour les distances supérieures, jusqu'à celle de 6 encâblures, on rapportera dessous, comme on le voit ci-contre, la table de l'exemple précédent, relative à un angle de mire de 2° 21′ 54″.

TABLE indiquant de combien de pieds il faut pointer, selon la distance, au-dessous ou au-dessus du but, en tirant d'une batterie de 36 dont les pièces ont un angle de mire artificiel réduit à 1° 20′ (Tables IV, V et VI).

PROJEC-TILES.	DISTANCES EN ENCABLURES.												
	1	1¼	1½	1¾	2	2¼	2½	2¾	3	3¼	3½	3¾	4
B.	—11	12	13	12	11	8	5	0	+5	12	21	30	41
R.	—9	8	7	4	0	+6	13	22	33				
M.	—5	2	+2	8	16								

TABLE indiquant de combien de pieds il faut pointer, selon la distance, au-dessous ou au-dessus du but, en tirant d'une batterie de 36 dont les pièces ont pour angle de mire naturel 2° 21′ 54″ (Table IV).

PROJECTILES.	DISTANCES EN ENCABLURES.								
	4	4¼	4½	4¾	5	5¼	5½	5¾	6
B.	—11	1	+9	23	37	54	72	93	115

On évitera par ce moyen les embarras dont nous avons parlé dans l'exemple VI; et une seule pinnule n'offre pas les inconvéniens que plusieurs présenteraient; car celle que nous proposons doit rester fixée sur le bourrelet des pièces tout le temps du combat, ne devant s'enlever que quand on veut tirer à longue portée quelques coups isolés contre un ennemi auquel on donne la chasse.

Si l'on examine les tables de pointage avec quelque attention, l'on remarquera que, jusqu'à la distance de 3 encâblures, les positions des points de mire pour deux angles consécutifs différant entr'eux de 5′, ne diffèrent pas entr'elles de plus de 3 pieds, et que, jusqu'à la distance de 6 encâblures, cette différence ne dépasse pas 7 pieds. Donc, lorsque toutes les pièces d'une batterie seront d'un même calibre et d'une même fonte, et que les différences entre leurs angles de mire ne dépasseront pas 5′, on pourra prendre pour toute la batterie l'angle moyen de trois, quatre ou cinq pièces, sans qu'il puisse en résulter d'erreur sensible sur le pointage. Si, par la diversité des fontes ou par toute autre cause, il se rencontre dans les angles de mire de deux ou d'un plus grand nombre de pièces, des différences au-dessus de 5′, on formera un tableau à part pour ces pièces, puis on les réunira sous le commandement d'un officier, si elles sont en assez grand nombre, et on leur appliquera un même pointage, comme il a été dit.

On remarque encore, à l'inspection des tables, que, quand l'ennemi se trouve dans la distance de 2 encâblures, limite des combats bien engagés, il suffit de l'estimer à l'œil; car pour peu qu'un officier soit exercé, il ne se

trompera pas, sur des distances aussi courtes, de plus
d'une demi-encâblure, ce qui ne pourra influer sur le
pointage d'une manière sensible, ni autant que les diver-
gences inévitables, surtout à la mer, des coups les mieux
pointés. Mais au-delà de cette limite, la différence des
nombres correspondans à des distances différant entr'elles d'une demi-encâblure n'est plus à négliger ; et
comme, d'un autre côté, les erreurs qui résultent de l'ap-
préciation à l'œil des distances augmentent avec celles-
ci, nous avons rapporté la table XXII, au moyen de laquelle on pourra les déterminer avec toute l'exactitude
nécessaire.

Comme l'abaissement des projectiles est insensible pour
les distances au-dessous d'une encâblure, il a paru inutile de les comprendre dans les tables. Il suffit de dire qu'a-
lors le pointage doit se faire suivant les lignes de mire
latérales tracées sur les côtés de la pièce dans le plan horizontal de l'axe (1). Cette manière de pointer ne demande

----

(1) Si l'on conçoit deux plans, l'un vertical et l'autre horizontal,
passant par l'axe du canon, ils couperont la surface extérieure de la
pièce en quatre lignes droites. L'intersection du plan vertical avec la
surface supérieure est la ligne de mire naturelle. La ligne qui est en
dessous ne se considère pas. Les deux autres intersections, produites de
chaque côté de la pièce par le plan horizontal, sont les lignes de mire
latérales. C'est par elles que l'on vise toutes les fois que la distance n'est
pas assez grande pour que le projectile s'écarte sensiblement de l'axe de
la pièce. Avant d'embarquer l'artillerie, et après s'être assuré de la rec-
titude des pièces, on indique par de légères entailles sur la plate-bande
de culasse et sur le bourrelet la direction de ces différentes lignes d'ai-

ni soins ni beaucoup de temps, car il ne peut se commettre de grandes erreurs à de si petites distances ; et il suffit
que le chef de pièce, tenant dans la main le cordon de
la platine, vise légèrement par les deux côtés de la pièce
(et sans quitter sa place) un peu plus à droite ou à gauche de l'objet qu'il veut atteindre.

TABLE XXII,

*Servant à déterminer la distance horizontale d'un bâti-
ment à un autre, au moyen de l'angle formé par les
rayons visuels dirigés à la ligne des seuillets de
sabord de la batterie immédiatement au-dessous de
celle des gaillards, et à la pomme du grand mât, ou
à celle du mât de misaine* (1).

Les hauteurs des pommes du grand mât et du mât de
misaine des bâtimens de tout rang, au-dessus de la ligne

---

tersection, que l'on marque elles-mêmes au moyen de lignes blanches
tracées sur la surface du canon.

En même temps que l'on fait cette opération, on peut déterminer
l'angle de mire pour chaque pièce.

(Note de l'Auteur.)

(1) Pour cette table auxiliaire qui ne sert uniquement qu'à la détermination des distances auxquelles on peut faire usage de l'artillerie, il
nous a paru nécessaire d'avoir la hauteur de la mâture des bâtimens de
la marine britannique. Mais quelques recherches que nous ayons faites,
il ne nous a été possible de nous procurer que les dimensions du vaisseau de 100 canons *le Victory*, du *Northumberland* de 84, et d'un 74,
dont le nom nous est inconnu. C'est sur ces données que nous avons

des seuillets de sabord de la batterie immédiatement au-
dessous des gaillards, étant connues, les angles ont été calculés d'après la supposition que celui que forment la direction verticale de la mâture et le rayon visuel dirigé à la
ligne des seuillets de sabord, est droit; car, bien que cette
hypothèse, géométriquement parlant, ne convienne qu'au
cas où l'œil de l'observateur se trouve dans le plan horizontal de cette ligne, les erreurs qui peuvent en résulter
sur la distance sont toujours de peu d'importance, surtout
quand le bâtiment dont on observe la mâture est de quelque grandeur.

Pour déterminer, au moyen de cette table, la distance
à laquelle se trouve un bâtiment de guerre quelconque,
on observera du gaillard ou de la dunette, avec un instrument de réflexion, l'angle formé par les rayons visuels
dirigés à la pomme du grand mât où à celle du mât de misaine, et à la ligne des seuillets de sabord de la batterie la
plus voisine des gaillards. On cherchera ensuite dans la
table, selon l'espèce du bâtiment et le mât qui aura été observé, l'angle indiqué par l'instrument, ou celui qui en approche le plus, et l'on trouvera en regard, dans la première
colonne verticale, à gauche, la distance correspondante.

---

calculé les angles pour ces trois espèces de bâtimens. Et ayant remar-
qué que les hauteurs totales de leurs mâtures ne diffèrent pas sensiblement de celles de nos bâtimens, par rapport à leurs baux, nous avons
adopté nos dimensions pour les vaisseaux de 64 et de 54, ainsi que pour
les frégates, corvettes et bricks, sauf quelques légères modifications
nécessaires pour se conformer, autant que possible, au système anglais

(Note de l'Auteur.)

Il conviendrait que cette opération fût souvent répétée aussitôt que l'engagement a commencé, afin de mettre le commandant et les officiers à même de savoir toujours la distance à l'ennemi, de la connaissance exacte de laquelle dépendent essentiellement la justesse du tir et le choix des projectiles à employer.

On remarque, à l'inspection de cette table, que les erreurs possibles dans l'observation n'influent pas sensiblement sur les distances auxquelles on peut faire usage de l'artillerie, si ce n'est quand on observe un petit bâtiment, d'une mâture peu élevée, et éloigné de plus de 4 encâblures. Mais les hauteurs des mâtures au-dessus de la ligne des seuillets de sabord peuvent différer de 8 pieds dans les vaisseaux de même rang; et comme ces différences ont une grande influence dans l'estimation de la distance, nous avons ajouté au bas de chaque colonne verticale, renfermant les angles, la hauteur qui a été employée dans le calcul, afin que l'on puisse avoir, comme on le verra par les applications qui vont suivre, le moyen d'apprécier dans la pratique les limites des erreurs qui peuvent exister dans les résultats de la table, et leur influence sur le pointage.

EXEMPLE PREMIER.

La hauteur angulaire (1) du grand mât d'un vaisseau

---

(1) Si, au moyen d'un instrument quelconque, on dirige deux rayons visuels, l'un au pied, l'autre à la tête d'un mât, l'angle formé au point

de 84 canons, de la pomme à la ligne des seuillets de sabord de sa seconde batterie, a été observée de 5° 56'. On demande à quelle distance on est de ce vaisseau.

Dans la colonne *Grand Mât*, appartenant aux vaisseaux de 84, on trouve l'angle 5° 56' en face de 4 encâblures. On était donc à 4 encâblures du vaisseau au moment de l'observation.

Si le bâtiment observé se trouvait avoir moins de mâture que les vaisseaux de 84 de la table, 10 pieds de moins, par exemple, on chercherait alors le même angle dans la colonne calculée pour 188 pieds, qui appartient aux 74, et on le trouverait compris entre les angles de 5° 59' et 5° 44' 10'', qui correspondent à 3 ¾ et 4 encâblures. Or la différence 14' 50'' entre ces deux angles répondant à ¼ encâblure de distance, celle de 3', entre l'angle observé et celui de 5° 59', qui en approche le plus, correspondra à moins de ¹⁄₁₉ d'encâblure. On peut donc, en négligeant les 3', prendre 5° 59' pour l'angle observé, et 3 ¾ encâblures pour la distance au vaisseau, au lieu de 4, qu'on avait eues d'abord. La différence ¼ encâblure sur la distance en établit une de 8 pieds dans le pointage de l'artillerie de 36 *(table IV)*, une de 10 pieds avec les canons de 24 *(table VII)*, et une de 11 pieds avec les pièces de 18 *(table X)*. Mais les 3' négligées dans

---

d'observation par ces deux rayons est ce qu'on appelle la *hauteur angulaire* de ce mât.

(Note du Traducteur.)

la hauteur angulaire n'auront aucune influence sensible sur le pointage.

Si la hauteur du mât observé, au lieu d'avoir 10 pieds de moins que celle du mât du vaisseau de 84 de la table, n'en avait que 5, on conçoit aisément que les erreurs dans le pointage ne seraient que moitié de celles que nous venons de mentionner.

EXEMPLE II.

La hauteur angulaire du grand mât d'un vaisseau de 74, prise comme dans l'exemple précédent, a été observée de $3° 34'$. On demande à quelle distance on est de ce vaisseau.

Ici l'angle observé ne se trouve point dans la table. Mais on remarque qu'il est compris entre les angles $3° 44' 10''$ et $3° 51'$, qui correspondent à 4 et $4 \frac{1}{4}$ encâblures. Or, si $15' 10''$, différence entre ces angles, donnent $\frac{1}{4}$ d'encâblure de différence entre les distances, $5'$, différence entre l'angle observé et celui qui en approche le plus, ne donneront pas $\frac{1}{12}$ d'encâblure de différence entre la distance cherchée et celle de $4 \frac{1}{4}$ encâblures correspondante à l'angle $3° 51'$. On pourra donc adopter cette dernière distance pour celle du vaisseau. La différence n'influera pas de 4 pieds sur le pointage pour les quatre plus forts calibres, comme on peut le voir par les tables IV, VII, X et XIII.

Si la hauteur du grand mât, supposée dans cet exemple de 188 pieds, en avait 193, l'angle observé $3° 34'$ se chercherait dans la colonne des vaisseaux de 84. On le trouverait compris entre les angles 3° 42′ 10″ et 3° 29′ 50″, dont le terme moyen 3° 36′ ne diffère de l'angle observé que de 2′. En les négligeant, et en prenant le terme moyen entre 4 ¼ et 4 ½ encâblures, on aura 4 ⅜ pour la distance du vaisseau.

Cette distance ne diffère que de ⅛ de celle qu'on a obtenue dans l'hypothèse du mât de 188 pieds, et l'on peut voir aisément que l'influence d'une semblable différence sur le pointage n'est pas plus de 5 pieds pour le 36 (*table IV*), ni de 7 pour le 24, 18 et 12 (*tables VII, X et XIII*).

Les deux exemples précédens prouvent suffisamment que, quand la hauteur angulaire n'est pas au–dessous de 3 ½ degrés, l'on ne doit pas craindre que les erreurs que l'on pourrait commettre sur l'angle observé (1), et dans l'estimation de la hauteur des mâtures, aient une influence notable sur le pointage. Et comme cet angle de 3° ½ répond pour les vaisseaux à une distance de 4 ¼ encâblures, on peut, jusqu'à cette limite, se confier à la table en toute sûreté.

EXEMPLE III.

La hauteur angulaire de la pomme du mât de misaine

---

(1) On suppose que l'observateur le moins exercé ne puisse commettre une erreur de plus de 3′ avec un bon instrument.

(*Note de l'Auteur.*)

d'une frégate de 40 canons a été observée de 2° 59' 30" ;
On demande sa distance.

Dans la colonne intitulée *Mât de Misaine*, correspondante aux frégates de 40 canons, on trouve l'angle observé
entre ceux de 3° 1' 20" et 2° 50' 40", dont la différence
est 10' 40", pour $\frac{1}{4}$ d'encâblure de différence entre les
distances. Mais comme celle qui existe entre l'angle observé
et celui de 3° 1' 20", qui en approche le plus, est seulement de 1' 50", c'est-à-dire moindre que le $\frac{1}{6}$ de
10' 40", on pourra adopter pour l'angle observé celui
de 3° 1' 20", qui répond à une distance de 4 encâblures.

Cette manière de procéder n'apportera pas une erreur
de $\frac{1}{20}$ d'encâblure sur la distance, et celle qui en résultera
sur le pointage n'excédera pas 2 $\frac{1}{2}$ pieds dans chacun des
quatre principaux calibres, comme on peut le voir par
leurs tables respectives.

La quantité négligée dans l'angle observé fût-elle même
de 3', que son influence sur la distance serait moins
de $\frac{1}{12}$ d'encâblure, et par suite l'erreur sur le pointage
moins de 4 pieds dans chacun des mêmes calibres.

Si le mât de misaine, au lieu d'avoir 152 pieds de hauteur, comme nous l'avons supposé, avait 5 $\frac{2}{3}$ pieds de
moins, et n'était par conséquent que de 146 $\frac{1}{3}$ pieds, on
chercherait l'angle observé 2° 59' 30" dans la colonne du
mât de misaine des frégates de 36 canons. On le trouverait compris entre les angles de 3° 6' 10" et 2° 54' 30",
dont le terme moyen 3° 0' 20" ne diffère de l'angle observé que de 50". En négligeant cette faible différence, et

en prenant le moyen terme des distances correspondantes à ces angles, on aura pour la distance de la frégate $5\,^7/_8$ encâblures, expression qui ne diffère de celle que nous avons obtenue dans le premier cas que de $^1/_8$, ce qui n'influe pas sur le pointage de plus de 7 pieds avec les pièces de 12 *(table XIII)*. Et comme les mâtures des frégates ne peuvent différer de beaucoup plus de 5 pieds de celles dont les hauteurs sont exprimées dans la table, on peut, jusqu'à 4 encâblures, compter sur toute son exactitude à l'égard de ces bâtimens, pourvu que le roulis ne fasse pas incliner trop brusquement leur mâture, ou qu'ils ne donnent pas trop à la bande.

EXEMPLE IV.

La hauteur angulaire du grand mât d'un brick a été observée de $2°\,1'$. Quelle est sa distance?

Dans la première colonne de celles qui sont relatives aux bricks, et qui a pour titre *Grand Mât*, on trouve l'angle observé entre ceux de $2°\,6'$ et $1°\,58'\,10''$, dont le terme moyen ne diffère que de $1'\,5''$ de l'angle observé. En négligeant cette légère différence, et en prenant le moyen terme des distances correspondantes à ces angles, on a $5\,^7/_8$ encâblures pour la distance du brick, sur laquelle la quantité négligée $1'\,5''$ ne peut produire une différence de $^1/_{28}$ d'encâblure. Elle ne peut non plus avoir une influence sensible sur le pointage.

Si dans l'observation l'on se trompait de $5'$ sur la hauteur angulaire, l'erreur sur la distance ne serait pas de ⅛ d'encâblure, et celle qui en résulterait sur le pointage ne dépasserait pas 6 pieds dans les quatre calibres supérieurs.

Si le grand mât du brick, au lieu d'avoir 99 pieds de hauteur, comme nous l'avons supposé dans cet exemple, n'en a que 94 ½, l'angle observé 2° 1′ se cherchera dans la dernière colonne de la table, qui répond à cette nouvelle hauteur. On le trouvera compris entre 2° 8′ 56″ et 2° 0′ 20″. Or, comme il ne diffère que de 40″ de l'angle 2° 0′ 20″, qui en approche le plus, on peut prendre celui-ci pour l'angle observé, et la distance correspondante 3 ¾ encâblures sera celle du brick. Cette distance ne diffère de la première que de ⅛ d'encâblure, ce qui n'occasionera pas sur le pointage une différence de plus de 6 pieds, comme nous venons de le voir plus haut. Donc, quand bien même l'on se tromperait de 4 ½ ou 5 pieds dans l'estimation de la mâture d'un brick, soit à cause du roulis, ou de l'inclinaison que lui donnerait la bande, soit par quelque erreur de la table, l'on ne peut, en lui supposant l'une des hauteurs exprimées dans cette table, commettre sur les distances, jusqu'à 4 encâblures, d'erreurs qui influent beaucoup sur le pointage.

Il résulte des quatre exemples précédens que la table XXII offre toute l'exactitude nécessaire pour le pointage à la mer, jusqu'à la distance de 4 encâblures, quand les bâtimens ennemis ne sont pas trop agités par le roulis ou qu'ils ne donnent pas trop à la bande. Mais comme au-delà de cette limite les moindres différences dans les distances en apportent de considérables dans les dépressions

du boulet par rapport à la ligne de mire ; que, d'un autre
côté, l'influence de l'erreur commise sur l'angle observé
ou sur l'élévation de la mâture augmente aussi considérablement avec l'éloignement des bâtimens , on ne doit regarder cette méthode de déterminer les distances au-delà
de 4 encâblures , que comme un moyen d'approximation
propre à s'assurer , quand on tire à grande portée au
gréement d'un ennemi en fuite, que les boulets ne tom-
bent pas à la mer, sans lui avoir au moins déchiré quelque voile , ce dont on ne pourrait être certain , si l'on n'a-
vait une connaissance du moins approchée de la distance.

TABLE XXIII,

*Montrant les hauteurs de différentes parties du corps
et de la mâture des bâtimens de guerre.*

Cette table, qui a servi pour calculer la XXIIe, a pour
objet de donner aux officiers d'artillerie, chargés spécialement de ce service à bord des vaisseaux, une connaissance approximative des hauteurs des différentes parties
des bâtimens mâtés selon le système anglais. Familiarisés
avec ces hauteurs dans les exercices, ils pourront indiquer aux chefs de pièce, dans les combats, les points du
corps et de la mâture qu'ils devront ajuster, d'après l'objet
à battre et la distance à l'ennemi. C'est ce que nous allons
mieux faire comprendre par les exemples qui suivent.

EXEMPLE PREMIER.

Un commandant , combattant à 2 ¹/₂ encâblures d'un

vaisseau à trois ponts, ordonne à son artillerie de tirer à boulets ramés, de la batterie de 36, aux trélingages de l'ennemi, et à boulets ronds, avec les pièces de 18 et de 12, entre sa troisième batterie et ses gaillards. Où les canonniers doivent-ils pointer dans chaque batterie ?

L'angle de mire des pièces de 36 est supposé de 2° 20′; celui des canons de 18, de 1° 40′; et celui de l'artillerie de 12 des gaillards, de 1° 35′.

On voit, par la table V, que la première batterie doit pointer à 18 pieds au-dessous du but; par la table X, que la seconde doit diriger ses pièces à 16 pieds au-dessous du point qu'elle veut frapper; enfin par la table XIII, que la batterie de 12 des gaillards doit viser à 15 pieds encore au-dessous de l'objet qu'elle est destinée à battre. Mais les chefs de pièce devant naturellement estimer avec peu d'exactitude ces abaissemens de la ligne de mire, l'officier familiarisé, au moyen de la table XXIII, avec les hauteurs des diverses parties des bâtimens, les unes à l'égard des autres, préviendra les canonniers de la première batterie qu'ils devront pointer entre la moitié et les deux tiers des mâts de misaine et d'artimon, et aux $\frac{2}{3}$ du grand mât, pour frapper à 4 ou 6 pieds au-dessous des hunes. De même, les officiers d'artillerie qui commanderont les batteries de 18 et de 12, avertiront leurs canonniers qu'ils devront pointer, ceux de la batterie de 18, entre les première et seconde batteries de l'ennemi, les autres à sa seconde batterie, pour que les coups portent à 2 pieds au-dessous des gaillards, ainsi que le commandant du bâtiment l'a prescrit.

EXEMPLE II.

La distance d'une frégate ennemie de 40 canons, calculée au moyen de la table XXII, est de 5 encâblures; et l'on veut, avec la même artillerie de 36 et de 18 que dans l'exemple précédent, battre à boulets ronds les trélingages de ses bas haubans. On demande quelles sont les parties auxquelles on doit pointer.

La table IV montre qu'à la distance de 5 encâblures, il faut, pour tirer à boulets ronds avec le 36, pointer à 39 pieds au-dessus du but. La table X indique que les pièces de 18 doivent, à la même distance et avec la même espèce de projectiles, être pointées à 90 pieds au-dessus du point qu'elles sont destinées à battre. Donc, si la batterie de 36 a pour objet le trélingage du mât de misaine, et celle de 18 le trélingage du grand mât, il faudra, pour que les boulets atteignent ces points, que la première batterie pointe aux $\frac{2}{3}$ du petit mât de hune, à partir de la hune, et la seconde à mi-distance des barres de grand perroquet à la pomme.

En effet, la hauteur des barres de petit perroquet d'une frégate de 40 canons au-dessus de la hune de misaine étant de 51 pieds (*table XXIII*), les $\frac{2}{3}$ de cette hauteur seront de 34 pieds. Mais le point où frappe le boulet est avec le calibre de 36 à 39 pieds au-dessous du point ajusté. Donc, en pointant aux $\frac{2}{3}$ du petit mât de hune, les boulets frapperont à 5 pieds au-dessous de la hune de misaine, c'est-à-dire au trélingage.

De même, la hauteur des barres de grand perroquet

au-dessus de la grande hune étant de 60 pieds (*table XXIII*), et celle de la pomme au-dessus des barres étant de 46 pieds, dont la moitié est 23, la hauteur du point milieu entre les barres et la pomme, au-dessus de la hune, sera de 60 + 23, ou 83 pieds. Mais le point où frappe le boulet est, avec le calibre de 18, à 90 pieds au-dessous du point ajusté. Donc, en pointant à mi-distance des barres à la pomme, les boulets frapperont à 7 pieds au-dessous de la grande hune, c'est-à-dire au trélingage des grands haubans.

EXEMPLE III.

Un commandant, combattant contre un vaisseau de 74, à la distance d'une encâblure et demie, ordonne à ses batteries de 36 et de 18, dont les pièces ont les mêmes angles de mire que dans les deux exemples précédens, de battre à boulets ronds le corps du vaisseau ennemi entre sa seconde batterie et le pont. Où les canonniers doivent-ils pointer ?

Le capitaine d'artillerie commandant la première batterie consultant aussitôt la table IV, y voit que, pour tirer à boulets ronds à la distance donnée, il doit pointer à 31 pieds au-dessous du but. Mais le corps d'un vaisseau de 74 n'offre pas dans ce cas de point de mire, comme le montre la table XXIII. Il a recours alors au boulet ramé, et consultant la table V, il reconnaît qu'il doit pointer avec ce projectile à 25 pieds au-dessous du but. Mais le corps du bâtiment ennemi n'offre pas enccre de point de mire. Ne pouvant donc exécuter avec succès les ordres de son capitaine de vaisseau, il lui en rend compte sur-le-champ, et le prévient qu'il ne peut bien tirer qu'à mitraille. Il l'emploie alors avec avantage, sans perdre inutilement du temps et des boulets, comme il l'aurait fait, s'il n'eût été éclairé par cette Instruction.

Cependant le lieutenant d'artillerie commandant la seconde batterie, non moins empressé d'exécuter les ordres du capitaine de vaisseau, fait pointer à la flottaison. En effet, la table X montre que, pour tirer à boulets ronds à 1 $\frac{1}{2}$ encâblure de distance, avec le calibre de 18, il faut pointer à 20 pieds au-dessous du but. Mais la hauteur de la batterie des gaillards de l'ennemi au-dessus du niveau de la mer est de 21 pieds (*table XXIII*). Donc, en pointant à la flottaison, on atteindra les points que le commandant a ordonné de battre.

EXEMPLE IV.

On donne la chasse à une frégate de 36 canons distante de 5 $\frac{1}{4}$ encâblures; et l'on veut avec les pièces de 12, dont l'angle de mire est de 1° 35′, lui tirer quelques coups au gréement, et, s'il est possible, au trélingage de ses grands haubans. On demande où les canonniers doivent pointer.

Il résulte de la table XIII que le point de mire doit être à 150 pieds au-dessus de l'objet. Donc, si l'on pointe à la pomme du grand mât, les boulets frapperont à 150 pieds plus bas, ou à 27 pieds au-dessus du pont, ainsi que l'on peut aisément le calculer d'après la table XXIII.

Mais comme à cette hauteur il n'y a pas de probabilité de causer d'avaries importantes, il faudra pointer à 27 pieds au-dessous de la pomme, c'est-à-dire à peu près à la moitié du grand mât de perroquet, pour atteindre les grands porte-haubans et couper quelques rides.

DES POINTS LES PLUS IMPORTANS A BATTRE.

Très-peu de bâtimens se rendent pour avaries causées à leur coque (1), ou pour perte de monde ; car, pour obtenir ces résultats, il faut combattre long-temps ; et le commandant qui, dans la direction qu'il donnerait aux feux de son artillerie, n'aurait en vue que ce but unique,

---

(1) Nous ne partageons pas entièrement l'opinion de l'auteur. Plusieurs exemples, puisés dans l'histoire de la guerre navale, prouvent de quel effet décisif sont quelques avaries causées à la coque des bâtimens. Le général anglais sir Howard Douglas est aussi opposé à l'amiral espagnol sur ce point. « Dans tous les combats rapprochés, dit-il dans son « *Traité d'Artillerie navale*, le grand objet doit être de causer le plus « de dommages possibles à la coque de l'ennemi..... Un ou deux boulets « de 24, arrivant au-dessous de la ligne d'eau d'un petit bâtiment, « et traversant peut-être ses deux côtés, le forceront, en général, à « se rendre, ou le couleront bas, quoiqu'il n'ait éprouvé aucune autre « avarie majeure ni perdu aucun homme ». (*Page 250 de la trad.*) Il cite à l'appui plusieurs exemples de bâtimens qui, dans la dernière guerre des Anglais et des Américains, se sont rendus ou ont été coulés bas pour avaries reçues en plein bois.

(*Note du Traducteur.*)

courrait le risque d'être désemparé lui-même, avant de l'atteindre, ou de se trouver, par la perte de son gréement, dans l'impossibilité de se servir utilement de son artillerie.

Le choix du mât contre lequel le feu doit être dirigé, n'est pas indifférent. Il nous semble aussi que l'on ne doit pas chercher à les battre tous les trois à la fois; car on diminue par là la chance de démâter l'ennemi de son mât le plus essentiel, qui est celui de misaine. Tout le monde sait de quel peu d'importance est la perte du mât d'artimon pour une frégate ou un vaisseau fin, qui, démâtés même de leurs grands mâts, peuvent encore gouverner assez bien pour éviter d'être pris de flanc, ou, s'ils sont sous le vent, pour laisser arriver et fuir vent arrière, sans ralentissement sensible dans leur marche.

Il faut se rappeler encore que, quand on bat un navire en plein bois, les coups dirigés au-dessous de la batterie la plus voisine des gaillards sont de très-peu d'effet, tant parce que le corps des bâtimens offre rarement, à de petites distances, et quand on emploie du gros calibre, des points de mire pour y diriger la ligne des points les plus élevés de la culasse et de la volée du canon, que parce que la muraille est si épaisse dans cette partie, qu'on ne peut y employer le boulet ramé, le projectile le plus destructif pourtant, et le moins variable dans sa direction (1). Outre cela, quelques boulets ronds arri-

---

(1) Des expériences répétées en France, en Angleterre et en Allemagne, ont démontré que la trajectoire du boulet rond n'est point une

vant par hasard à la flottaison d'un bâtiment, ne le for=
ceraient pas à se rendre (1), et ceux qui viendraient à
frapper les mâts, après avoir traversé la muraille des
batteries basses, ne pourraient leur causer d'avaries importantes.

Puisque la partie du corps des bâtimens sur laquelle
il convient de diriger le feu est celle qui est au-dessus
de la batterie immédiatement inférieure aux gaillards,
on conçoit aisément qu'il faut tirer aux gaillards d'arrière et d'avant, pour chercher à atteindre la roue du
gouvernail, les porte-haubans de misaine, les grands
porte-haubans, les mâts extrêmes; parce que, en même
temps que les boulets peuvent offenser ces objets essen-
tiels, ils sont susceptibles de tuer plus de monde et de
démonter plus de canons que s'ils étaient tirés au centre
du bâtiment.

---

courbe plane; et que ce projectile, loin de suivre le plan vertical dans
lequel il a été lancé, s'en écarte beaucoup à droite ou à gauche, selon
la direction du dernier bond, au sortir de l'âme de la pièce. Mais les
expériences entreprises dernièrement au Ferrol ont fait voir que ces
déviations sont sensiblement moindres dans le boulet ramé, ainsi que
cela doit être, et comme il est facile de le démontrer.

(Note de l'Auteur.)

(1) Sir Howard Douglas rapporte dans son *Traité d'Artillerie navale*
(page 251 de la traduction) qu'une corvette anglaise fut forcée de se
rendre à une corvette américaine, parce qu'elle avait reçu quelques
boulets si bas dans sa coque, qu'il était impossible d'atteindre aux voies
d'eau pour les boucher. Elle coula quelques minutes après sa reddition,
ne cédant uniquement qu'à cette fatale circonstance.

(Note du Traducteur.)

Il résulte de ce qui précède : 1.º que le principal objet d'un capitaine de vaisseau doit être de désemparer et de démâter l'ennemi (1), en préservant aux officiers d'artillerie de faire tirer aux trélingages, et surtout à celui des haubans de misaine, aussitôt que la distance le permet. A cet effet il doit désigner d'avance dans les exercices les pièces qui devront battre chaque trélingage, ayant soin d'en affecter un plus grand nombre à celui des haubans de misaine, en raison de l'importance du mât.

2.º Qu'au-delà de trois encâblures, tout le feu doit être dirigé contre les trélingages; mais qu'en deçà de cette limite, il est bon aussi de tirer aux gaillards, pour atteindre la roue du gouvernail et le mât de misaine, ayant soin encore de désigner dans les exercices les pièces qui devront être spécialement affectées à ces objets.

3.º Que la mitraille doit être dirigée contre les grands

____

(1) Ce n'est point sans une certaine méfiance de nous-même que nous serions opposé au célèbre amiral espagnol, si nous n'avions pour nous l'opinion des artilleurs de marine les plus expérimentés. Le principe qu'il énonce ici nous semble un peu trop général. Sans doute il est des cas où le principal objet doit être de désemparer et de démâter l'ennemi; mais il en est d'autres où il convient de tirer au corps du bâtiment, d'autres où il faut s'attacher à tuer et blesser du monde, d'autres, comme lorsqu'on tient un bâtiment d'enfilade, où l'on doit chercher à démonter le plus de canons possible. L'objet principal que l'on doit se proposer dans un combat naval est subordonné à la position respective des navires combattans, à leur distance, à leurs rapports de grandeur, à leur position par rapport au vent, enfin aux diverses circonstances de l'action.

(Note du Traducteur.)

haubans et les haubans de misaine, à la hauteur des pièces
des gaillards, quand l'ennemi n'est pas démâté; mais que,
lorsqu'on veut arrêter les bâtimens d'une division ennemie,
ou fuir devant une force supérieure, il faut diriger de préférence la mitraille aux gambes de revers de grande hune
et de misaine, qui sont les parties où l'on peut causer le
plus d'avaries.

4.º Qu'il faut non seulement désigner d'avance dans
les exercices les parties sur lesquelles chaque section de
batterie devra diriger le feu de préférence, quand cela
sera possible toutefois; mais encore celles qu'elle devra
battre à défaut des premières, comme en cas de démâtage
de celles-ci, ou parce que la position respective des bâtimens ne permettrait pas de les ajuster. Les pièces destinées, par exemple, contre le mât de misaine, devront
nécessairement tirer sur un autre objet, quand l'ennemi
sera démâté de ce mât, ou qu'il ne sera pas possible d'y
diriger le pointage; car on ne doit jamais tirer sans objet
déterminé et bien choisi.

DU CHOIX ET DE L'USAGE DES PROJECTILES.

1.º L'expérience ayant prouvé que le tir du boulet
ramé est plus direct et plus sûr que celui du boulet
rond, on doit employer le premier de préférence au
second, avec tous les calibres, jusqu'à la distance de
deux encâblures, même en tirant contre le corps des

bâtimens ; car, à cette distance, la vitesse du boulet rond
est si grande, qu'il traverse la muraille des vaisseaux,
en n'y faisant presque que son trou, tandis que le boulet
ramé y cause des fractures considérables, et y déchire
bien plus d'éclats.

2.º Si, faute de boulets ramés, ou si l'on craint qu'un
trop grand emploi de cette espèce de projectiles ne soit
préjudiciable aux pièces, on a recours aux boulets ronds,
on doit alors, supposant toujours l'ennemi dans la distance de deux encâblures, n'employer que demi-charge
de poudre, afin que les boulets, ayant moins de vitesse,
arrachent plus d'éclats. Il est bon à cet effet d'avoir toujours des demi-gargousses préparées d'avance, ayant soin
toutefois de les tenir séparées, pour ne s'en servir qu'en
temps opportun.

3.º On ne doit jamais tirer à mitraille au-delà de deux
encâblures. La mitraille écarte trop pour pouvoir être
bien dirigée, et causer beaucoup de dommage sur un
point déterminé.

4.º Les chefs de pièce qui se permettent de charger à
double projectile sans l'ordre exprès de l'officier commandant la batterie ou la section de batterie, doivent
être sévèrement réprimandés. Et l'officier ne doit faire
charger ainsi que sur les ordres du commandant du vaisseau, lorsque les bâtimens sont vergue à vergue ou à
portée de pistolet. Encore n'est-il pas prudent de tirer
plus d'un coup ou deux à double projectile avec la même
pièce ; car, outre l'incertitude d'un tel tir, quelques piè-

ces pourraient éclater, et causer plus de dégâts à bord, qu'elles ne feraient de mal à l'ennemi (1).

5.º Le tir à double projectile doit avoir lieu avec un boulet ramé et une mitraille, ayant soin de mettre le boulet ramé le premier dans la pièce.

6.º Les coups à double charge de projectiles doivent être dirigés aux gaillards, à hauteur des pièces.

7.º On peut avec les calibres de 36, 24 et 18, employer le boulet ramé jusqu'à trois encâblures, tant contre les trélingages que contre la partie supérieure du corps du vaisseau ennemi. Mais avec les pièces des autres calibres on ne doit faire usage de ce projectile à la même distance, que contre la mâture, ne devant jamais l'employer contre la coque des bâtimens au-delà de deux encâblures.

8.º Au-delà de trois encâblures, on ne doit plus tirer qu'à boulet rond.

____

(1) L'usage des charges avec plusieurs projectiles, employées dans les combats sur mer peut-être avec trop de confiance, paraît aujourd'hui généralement condamné, si ce n'est, comme le dit l'auteur, quand les bâtimens combattans sont vergue à vergue ou à portée de pistolet. Sir Howard Douglas est aussi de cet avis. « Le tir avec plusieurs pro-
« jectiles, dit-il, est sujet à tant d'incertitude, surtout quand ils ont
« beaucoup de vent, qu'il ne doit être employé que lorsque les vais-
« seaux combattans sont *très-près*. Alors seulement il peut être d'un
« bon effet, parce que le navire ennemi offre une masse trop grande
« pour être aisément manqué, et que la diminution de vitesse est favo-
« rable au déchirement des éclats. » (*Page 54 de la traduction.*)

(*Note du Traducteur.*)

9.º Avec le boulet ramé ou la mitraille, la charge de poudre ne se diminue jamais, parce que ces projectiles n'ont jamais que la vitesse nécessaire pour leur effet. Mais avec le boulet rond, et à petites distances toutefois, il est bon de temps en temps de n'employer que demi-charge, ainsi que nous l'avons dit au paragraphe 2, pour ne pas trop fatiguer les pièces.

DES CARRONADES EN FER COULÉ.

Parmi les carronades dont on commence à garnir les gaillards de nos bâtimens, en vertu du réglement du 21 octobre 1805, celle de 24 est la seule pour laquelle on ait des épreuves comparatives de portée avec le canon de 12. Encore leurs résultats offrent-ils si peu de régularité, qu'il est impossible de former un jugement raisonnable sur leur exactitude.

Quant aux autres, nous n'avons absolument rien de positif à cet égard; et jusqu'à ce qu'il soit fait des épreuves comparatives sur la portée et l'abaissement de chacun de leurs projectiles, on ne pourra rien dire sur leur usage que par conjectures et par des inductions sujettes à de grandes erreurs. Néanmoins, comme il serait inutile d'avoir des carronades pour ne pas s'en servir, ou pour les employer sans résultat, nous croyons indispensable de donner ici quelques préceptes fondés sur des conjectures probables, en attendant que le temps et l'expérience nous en fournissent de plus exacts.

1.º Avec les carronades, on ne doit point tirer à obus à plus de 3 encâblures ; à boulet, à plus de 2 ; et à mitraille, à plus de 1, jusqu'à ce que ces armes soient mieux connues.

2.º Il résulte du peu d'épreuves faites sur la carronade de 24, que sa portée est à peu près les $^2/_3$ de celle du canon de 12 ; celle de l'obus, environ de 50 pour 100 plus grande que celle du boulet tiré de la même carronade ; et enfin celle des boîtes à balles, les $^4/_9$ de celle de l'obus. Donc, lorsqu'on tirera la carronade de 24 à obus, l'on devra suivre pour le pointage la table XIII ; la table XIV, quand on tirera à boulet ; et la table XV, lorsqu'on emploiera les boîtes à balles.

3.º Avec la carronade de 30, la table X servira pour l'obus, la table XI pour le boulet, et la table XII pour les boîtes à balles.

4.º Avec la carronade de 36, on suivra la table VII pour l'obus, la table VIII pour le boulet, et la table IX pour la mitraille, supposée toujours de l'espèce ci-dessus.

5.º Avec la carronade de 48, le tir à obus se réglera par la table IV, le tir à boulet par la table V, et le tir à mitraille par la table VI.

6.º Lorsque l'ennemi sera à moins d'une encâblure de distance, on pointera par les lignes de mire latérales tracées de chaque côté de la pièce dans le plan horizontal de l'axe, ainsi que nous l'avons dit pour les canons.

7.º Quand l'obus sera chargé, il se dirigera contre le corps des bâtimens, et contre la mâture, lorsqu'il ne le sera pas. Quant au boulet et à la mitraille, ils auront pour objets les mêmes points qu'avec les canons.

FIN.

TABLE I.

Comparaison des dépressions moyennes observées dans le boulet rond, avec les résultats du calcul.

1re STATION, À LA DISTANCE DE 2 ENCABLURES.

Calibres.	Nombre de coups.	Dépression moyenne observée.	Dépression calculée.	Différences.
56.	40.	25,03	22,55	0,70
24.	40.	21,42	21,74	0,52
18.	40.	22,25	21,55	0,72
12.	40.	21,19	21,59	0,40

2e STATION, À LA DISTANCE DE 3 ENCABLURES.

Calibres.	Nombre de coups.	Dépression moyenne observée.	Dépression calculée.	Différences.
56.	45.	54,92	55,45	0,25
24.	20.	51,14	54,70	3,58
18.	16.	51,65	54,91	3,26
12.	30.	51,11	56,06	1,95
8.	42.	56,27	56,95	0,68
6.	20.	59,52	59,73	0,41

TABLE II.

Extrait des expériences faites sur l'abaissement ou la dépression du boulet ramé.

1re STATION, À LA DISTANCE DE 2 ENCABLURES.

Calibres.	Nombre de coups.	Dépression moyenne observée.	½ de la dépression observée dans le boulet rond.	Différences.
56.	50.	53,92	54,54	0,62
24.	45.	54,47	52,13	2,34
13.	15.	35,85	35,37	0,48
12.	12.	32,69	31,78	0,91

2e STATION, À LA DISTANCE DE 3 ENCABLURES.

Calibres.	Nombre de coups.	Dépression moyenne observée.	½ De la dépression observée dans le boulet rond.	Différences.
56.	11.	81,52	82,38	0,86
24.	15.	76,85	76,74	0,11
18.	15.	77,65	77,47	0,18

NOTA. Les dépressions et leurs différences sont exprimées en pieds et fractions décimales du pied.

TABLE III.

Abaissemens calculés pour le boulet rond des différens calibres, et angles d'élévation qu'il faut donner à l'axe du canon, par rapport à la direction de l'objet, selon les diverses distances auxquelles il se trouve.

CALIBRES DES CANONS.

Distances en ensablures	36 — Abaiss. en pieds	36 — Angles d'élévation	24 — Abaiss. en pieds	24 — Angles d'élévation	18 — Abaiss. en pieds	18 — Angles d'élévation	12 — Abaiss. en pieds	12 — Angles d'élévation	8 — Abaiss. en pieds	8 — Angles d'élévation	6 — Abaiss. en pieds	6 — Angles d'élévation
1	5,03	0°24′ 6″	4,85	0°23′ 9″	4,74	0°22′37″	4,66	0°22′44″	4,52	0°21′54″	4,69	0°21′55″
1 ¼	8,09	0 30 34	7,79	0 29 45	7,61	0 29 10	7,55	0 28 50	7,57	0 28 9	7,52	0 29 43
1 ½	11,95	0 37 58	11,56	0 36 48	11,51	0 36 0	11,29	0 35 51	11,08	0 35 16	11,38	0 36 8
1 ¾	16,65	0 45 22	16,48	0 43 9	15,97	0 43 34	15,97	0 43 34	15,74	0 42 56	16,19	0 44 40
2	22,75	0 53 48	21,74	0 51 54	21,35	0 51 24	21,59	0 53 52	21,44	0 51 11	22,14	0 52 52
2 ¼	28,86	1 1 15	28,29	1 0 2	28,12	0 59 40	28,32	1 0 5	28,30	1 0 5	29,34	1 2 13
2 ½	36,50	1 9 42	36,01	1 8 46	35,85	1 7 21	36,24	1 9 13	36,28	1 9 17	38,18	1 12 54
2 ¾	45,21	1 18 33	44,70	1 16 11	44,95	1 18 30	45,44	1 18 53	45,93	1 19 44	47,99	1 25 18
3	55,15	1 27 43	54,70	1 27 5	54,91	1 27 22	56,06	1 29 12	56,95	1 30 37	59,73	1 35 5
3 ¼	66,28	1 37 21	66,00	1 36 56	66,46	1 37 37	68,12	1 40 5	69,61	1 42 14	75,50	1 47 39
3 ½	78,72	1 47 21	78,69	1 47 19	79,44	1 48 20	81,82	1 50 33	84,07	1 54 43	88,86	2 1 10
3 ¾	92,55	1 57 44	92,35	1 58 10	94,09	1 59 43	97,27	2 5 48	100,18	2 7 55	106,61	2 15 40
4	107,80	2 8 37	108,58	2 9 53	110,57	2 11 41	114,59	2 16 42	119,00	2 21 58	126,73	2 31 11
4 ¼	121,60	2 19 51	125,95	2 21 25	128,79	2 24 36	133,92	2 30 21	139,82	2 36 58	149,46	2 47 47
4 ½	142,19	2 31 5	143,12	2 33 52	148,13	2 37 23	153,10	2 44 45	165,10	2 53 55	173,02	3 6 54
4 ¾	165,15	2 43 30	166,14	2 46 52	170,43	2 51 12	173,57	2 59 40	189,08	3 8 42	205,65	3 24 28
5	185,08	2 56 55	189,13	3 0 26	194,61	3 5 44	205,49	3 18 4	217,91	3 27 52	233,62	3 44 41
5 ¼	206,39	3 9 43	214,45	3 11 49	221,42	3 20 58	235,89	3 32 26	249,95	3 46 58	274,02	4 6 14
5 ½	234,55	3 23 22	241,58	3 29 22	250,06	3 36 18	266,21	3 50 1	285,38	4 7 11	310,75	4 29 13
5 ¾	262,15	3 37 58	274,16	3 44 54	281,60	3 55 26	301,92	4 9 21	321,93	4 28 42	354,66	4 53 42
6	292,15	3 52 42	303,97	4 0 56	315,55	4 10 56	335,07	4 29 43	362,09	4 51 54	397,91	5 19 43

TABLE IV,

Indiquant de combien de pieds il faut, selon la distance et l'angle de mire, pointer, suivant la ligne de mire naturelle, au-dessous ou au-dessus du but, en tirant à boulet rond avec le canon de 36.

DISTANCES EN ENCÂBLURES.

ANGLES DE MIRE	1	1¼	1½	1¾	2	2¼	2½	2¾	3	3¼	3½	3¾	4	4¼	4½	4¾	5	5¼	5½	5¾	6
1° 0'	—7	7	7	6	2	+	5	11	18	26	35	45	58	72	86	101	123	143	166	191	217
5	—8	9	8	7	5	+3	8	15	22	31	42	54	67	82	99	117	138	160	185	211	
10	—9	10	10	9	7	6	+5	12	19	28	38	49	63	77	94	112	132	154	179	206	
15	—10	11	11	10	9	4	2	+2	8	16	24	34	45	58	72	89	107	127	149	173	199
20	—11	12	13	12	11	8	6	+6	5	12	21	30	41	54	68	84	102	121	143	167	192
25	—12	14	14	14	13	11	8	5	+2	9	17	26	37	49	65	79	97	116	137	161	186
30	—13	15	16	16	15	13	10	6	1	+6	13	22	35	45	58	74	91	110	131	153	180
35	—14	16	17	18	17	14	13	9	4	+2	10	18	29	41	55	69	86	105	126	149	174
40	—15	18	19	19	19	15	15	12	7	1	+6	15	25	36	49	64	81	99	120	143	167
45	—16	19	20	21	21	20	18	15	10	5	+2	11	20	32	44	59	76	94	114	137	161
50	—17	20	22	23	23	21	20	18	13	8	1	+	16	26	39	54	70	88	108	131	155
55	—18	21	24	25	25	23	23	20	16	11	5	+5	12	22	35	49	65	83	102	125	149
2° 0'	—19	23	25	27	27	25	26	23	20	14	8	4	+8	19	30	44	60	77	96	119	142
5	—20	24	27	28	29	29	28	26	25	18	12	5	+4	11	25	39	55	72	91	113	136
10	—21	25	28	30	31	32	31	29	26	22	18	9	0	+10	21	34	50	67	85	107	130
15	—22	27	30	32	33	34	33	32	28	25	20	13	5	+5	16	30	44	61	80	101	127
20	—23	28	31	34	36	36	36	35	32	28	25	17	9	+1	11	25	39	56	74	95	117
25	—24	29	33	36	38	38	38	37	35	32	27	21	15	7	+7	20	34	50	68	88	111
30	—25	30	34	38	40	41	41	40	38	35	30	24	17	9	+2	15	29	45	62	83	105
35	—27	32	36	39	42	43	44	43	41	38	34	28	21	13	5	+10	21	39	57	72	98
40	—28	33	37	41	44	46	46	46	45	42	38	32	25	17	7	+5	16	34	51	71	82
45	—29	34	39	43	46	48	48	47	45	41	36	30	21	12	0	+13	28	45	65	86	[illegible]
50	—30	35	41	45	48	50	52	51	49	45	40	34	26	17	5	+8	25	40	59	80	[illegible]
55	—31	37	42	47	50	52	53	53	52	49	44	38	22	10	+5	17	34	55	[illegible]	[illegible]	[illegible]
3° 0'	—32	38	44	48	52	56	57	57	57	55	52	48	42	35	26	15	2	+12	28	46	67

TABLE V.

Pointages à boulet ramé de 36 suivant la ligne de mire naturelle.

ANGLES DE MIRE	DISTANCES EN ENCABLURES								
	1	1¼	1½	1¾	2	2¼	2½	2¾	3
1° 0′	−5	3	1	+3		13	24	34	45
5	−6	5	2	+1		15	24	31	42
10	−7	6	1	0	+5	11	19	28	39
15	−8	7	5	2	[illegible]	8	16	25	36
20	−9	8	7	4	0	+6	15	22	33
25	−10	10	8	6	2	+1	11	19	30
30	−11	11	10	8	4	+1	8	17	27
35	−12	12	11	9		1	+6	14	24
40	−13	13	13	11		3	+5	11	21
45	−14	15	11	13	20	6	0	+8	13
50	−15	16	16	15	32	8	2	+5	14
55	−16	17	18	17	11	10	5	+2	11
2° 0′	−17	19	19	18	16	13	7	1	+9
5	−18	20	21	20	18	14	10	5	+5
10	−19	21	22	22	20	17	15	6	+2
15	−20	22	24	24	22	20	15	9	1
20	−21	24	25	26	24	22	18	12	4
25	−22	25	27	27	26	24	20	15	8
30	−23	26	28	29	29	27	23	18	11
35	−24	28	30	31	30	29	26	21	11
40	−25	29	31	33	33	31	28	23	17
45	−26	30	33	35	35	34	31	26	20
50	−27	31	35	36	36	36	33	29	23
55	−28	33	36	38	38	38	36	32	26
3° 0′	−29	34	38	40	41	41	39	35	29

TABLE VI.

Pointages à mitraille de 36 suivant la ligne de mire naturelle.

ANGLES DE MIRE	DISTANCES EN ENCABLURES				
	1	1¼	1½	1¾	2
1° 0′	−1	+5	8	13	24
5	−2	+1	6	13	22
10	−3	0	+5	11	20
15	−4	1	+2	10	18
20	−5	2	+2	8	16
25	−6	4	0	+6	14
30	−7	5	2	+4	12
35	−8	6	3	+2	10
40	−9	8	5	+1	8
45	−10	9	6	1	+6
50	−11	10	8	3	+4
55	−12	11	9	5	+2
2° 0′	−13	13	11	7	0
5	−14	14	12	9	5
10	−15	15	14	10	5
15	−16	17	15	12	7
20	−17	18	17	14	9
25	−18	19	18	16	11
30	−19	20	20	18	13
35	−20	22	22	19	15
40	−21	23	23	21	17
45	−22	24	24	23	19
50	−23	26	26	25	21
55	−24	27	28	27	23
3° 0′	−25	28	29	29	25

TABLE VII,

Indiquant de combien de pieds il faut, selon la distance et l'angle de mire, pointer, suivant la ligne de mire naturelle, au-dessous ou au-dessus du but, en tirant à boulet rond avec le canon de 24.

DISTANCES EN ENCABLURES

ANGLES DE MIRE	1	1¼	1½	1¾	2	2¼	2½	2¾	3	3¼	3½	3¾	4	4¼	4½	4¾	5	5¼	5½	5¾	6
1° 0′	−7	8	7	6	5	6	+5	10	17	26	35	46	59	75	89	107	127	148	173	199	227
5	−8	9	8	7	5	2	+3	8	14	29	31	43	54	66	84	103	124	145	167	195	222
10	−9	10	10	9	7	4	0	+5	11	19	28	38	50	61	80	97	116	136	161	182	216
15	−10	11	12	11	9	7	3	+2	8	13	21	34	46	60	76	99	111	157	156	181	209
20	−11	13	13	13	11	9	5	+3	2	13	30	30	42	55	70	87	106	127	150	172	201
25	−12	14	15	14	13	11	8	4	+3	9	17	27	35	51	65	82	101	121	144	160	197
30	−13	15	16	16	15	11	11	2	+1	8	15	33	30	46	61	77	96	118	136	185	191
35	−14	17	18	18	17	16	13	9	4	+2	10	19	36	49	54	72	90	111	157	197	183
40	−16	18	19	20	20	18	16	17	6	2	+6	19	24	57	61	68	88	104	127	161	176
45	−17	19	21	22	22	21	19	16	11	8	+2	11	21	33	47	62	80	100	121	145	172
50	−18	20	23	24	24	23	24	18	14	9	1	+7	13	29	42	57	75	94	117	138	166
55	−19	22	24	25	26	25	24	21	17	10	5	+3	13	21	37	52	69	80	102	132	139
2° 0′	−20	23	25	27	26	28	26	21	20	14	9	4	+9	20	35	47	61	85	105	127	165
5	−21	24	27	29	30	30	29	27	27	18	12	5	+5	15	38	49	59	78	96	131	147
10	−22	26	29	31	32	32	30	29	26	22	16	9	10	+11	33	57	61	79	97	115	141
15	−23	27	30	33	36	33	34	32	29	25	20	12	+6	19	55	40	67	87	109	134	154
20	−24	28	32	34	38	37	37	35	33	29	25	16	+2	11	20	43	61	81	103	120	147
25	−25	29	33	36	38	39	38	38	36	32	28	20	12	+9	25	50	56	16	97	122	143
30	−26	31	35	38	40	42	42	41	39	38	33	24	18	+5	10	52	50	30	94	116	136
35	−27	32	36	40	42	44	44	44	42	39	31	38	30	11	+13	28	43	61	85	109	129
40	−28	33	38	42	44	46	47	45	45	42	36	32	28	16	5	+8	52	39	56	73	93
45	−29	34	39	43	46	48	49	49	48	45	41	36	28	20	10	+5	17	31	62	67	90
50	−30	36	41	45	48	49	51	52	54	49	45	40	33	25	14	2	+12	28	47	67	90
55	−31	37	42	47	51	55	55	54	52	49	45	44	35	29	19	8	+7	23	41	61	81
3° 0′	−32	38	44	49	53	56	57	56	57	56	52	48	44	35	24	12	+4	13	57	45	73

TABLE VIII.

Pointages à boulet ramé de 24 suivant la ligne de mire naturelle.

ANGLES DE MIRE	DISTANCES EN ENCABLURES.								
	1	1¼	1½	1¾	2	2¼	2½	2¾	3
1° 0'	—5	4	1	+5	8	14	25	35	46
5	—6	5	3	+1	6	12	20	30	42
10	—7	6	4	+1	4	10	18	27	38
15	—8	8	6	3	+2	9	15	24	35
20	—9	9	7	5	0	+3	13	21	32
25	—10	10	9	6	3	+1	10	19	29
30	—11	11	10	6	5	+1	7	16	26
35	—12	13	12	10	7	2	+5	13	27
40	—13	14	13	12	9	4	+2	10	20
45	—14	15	15	11	11	6	0	+7	17
50	—15	16	17	15	13	8	3	+4	14
55	—16	18	18	17	16	10	6	+1	10
2° 0'	—17	19	20	19	17	15	8	1	+7
5	—18	20	21	21	19	18	11	4	+1
10	—19	22	23	23	21	19	13	7	[illegible]
15	—20	25	24	24	25	20	16	10	[illegible]
20	—21	24	26	26	27	23	19	17	[illegible]
25	—22	26	27	25	27	25	21	16	[illegible]
30	—23	27	29	30	29	27	24	19	[illegible]
35	—24	28	30	32	31	30	27	20	[illegible]
40	—25	29	32	33	34	32	29	22	[illegible]
45	—26	31	34	35	36	34	31	24	[illegible]
50	—27	32	35	37	38	37	34	26	[illegible]
55	—28	35	37	39	40	39	37	28	[illegible]
3° 0'	—29	34	38	41	42	41	39	36	36

TABLE IX.

Pointages à mitraille de 24 suivant la ligne de mire naturelle.

ANGLES DE MIRE	DISTANCES EN ENCABLURES.				
	1	1¼	1½	1¾	2
1° 0'	—2	+2	7	11	25
5	—3	+1	5	12	21
10	—4	1	+1	10	19
15	—5	2	+2	8	17
20	—6	3	+1	7	15
25	—7	5	1	+5	13
30	—8	6	2	+3	11
35	—9	7	4	+1	9
40	—10	8	5	0	+6
45	—11	10	7	2	+4
50	—12	11	8	4	+2
55	—13	12	10	6	0
2° 0'	—14	14	12	8	2
5	—15	15	13	10	4
10	—16	16	15	11	6
15	—17	17	16	15	8
20	—18	19	18	15	10
25	—19	20	19	17	12
30	—20	21	21	19	14
35	—21	23	22	20	16
40	—22	24	24	22	18
45	—23	25	25	24	20
50	—24	26	27	26	22
55	—25	28	29	28	25
3° 0'	—26	29	30	29	27

TABLE X,

Indiquant de combien de pieds il faut, selon la distance et l'angle de mire, pointer, suivant la ligne de mire naturelle, au-dessous ou au-dessus du but, en tirant à boulet rond avec le canon de 18.

ANGLES DE MIRE	DISTANCES EN ENCABLURES.																				
	1	1¼	1½	1¾	2	2¼	2½	2¾	3	3¼	3½	3¾	4	4¼	4½	4¾	5	5¼	5½	5¾	6
1° 0′	−7	8	7	6	5	0	+5	11	18	26	36	47	60	76	92	111	132	155	181	210	244
5	−9	9	9	7	5	2	+2	8	15	23	32	43	56	71	88	106	127	150	176	204	235
10	−10	10	10	9	7	4	0	+6	11	19	29	40	52	67	83	101	122	145	170	199	228
15	−11	12	12	11	9	5	3	+2	8	18	25	36	48	62	78	96	117	139	164	192	222
20	−12	15	13	13	12	9	6	+4	5	13	21	32	44	58	75	91	111	134	159	186	216
25	−13	14	15	15	14	11	8	+4	2	9	18	28	40	54	69	86	106	128	153	180	210
30	−14	15	16	17	16	14	11	+6	+1	6	14	24	35	49	61	81	101	125	147	174	205
35	−15	17	18	18	18	16	13	9	+4	+2	10	20	31	45	59	76	96	117	141	168	197
40	−16	18	20	20	20	18	16	13	7	+1	+5	16	27	40	55	72	90	112	135	162	191
45	−17	19	21	22	22	21	19	15	10	+4	+5	13	23	35	50	67	85	106	130	156	184
50	−18	21	23	24	24	23	21	18	14	8	+4	+8	19	31	45	62	80	101	124	150	178
55	−19	22	24	26	26	25	24	21	17	11	+4	+4	15	27	41	57	75	95	118	144	172
2° 0′	−29	23	26	27	28	26	24	20	16	8	0	+10	25	36	52	70	90	111	158	186	[illegible]
5	−21	24	27	29	30	30	29	23	17	12	+6	+6	18	31	47	64	81	108	152	159	[illegible]
10	−22	26	29	31	32	32	31	26	21	15	+2	+2	11	27	42	59	79	101	136	155	[illegible]
15	−23	27	30	33	34	35	33	29	25	19	11	+2	9	22	51	73	95	120	137	[illegible]	[illegible]
20	−24	28	32	35	36	37	35	31	28	22	15	+6	+5	17	52	48	69	90	114	144	[illegible]
25	−25	30	35	36	38	39	38	35	31	26	19	+10	0	+15	27	41	62	84	102	134	[illegible]
30	−26	31	35	38	40	42	42	41	39	35	30	23	15	8	+12	26	37	78	102	123	[illegible]
35	−27	32	37	40	45	44	44	42	38	35	27	19	8	+5	17	32	54	75	96	125	[illegible]
40	−28	33	39	42	45	46	47	46	45	42	37	31	25	15	2	+12	28	45	67	90	136
45	−29	35	40	44	47	49	50	49	48	48	41	35	27	17	6	+7	23	40	61	81	109
50	−30	36	41	45	49	51	52	52	51	48	44	39	51	22	11	+12	50	55	45	52	9
55	−31	37	43	47	51	53	53	55	54	52	48	42	35	28	16	+12	50	19	52	35	28
3° 0′	−52	38	44	49	53	56	57	58	57	55	52	46	40	31	20	8	+7	+21	44	66	91

TABLE XI.

POINTAGES à boulet ramé de 18 suivant la ligne de mire naturelle.

ANGLES DE MIRE	DISTANCES EN ENCABLURES								
	1	1 1/3	1 2/3	1 3/4	2	2 1/4	2 1/2	2 3/4	3
1° 0'	−5	4	2	+2	8	14	25	35	43
5	−6	5	3	0	+5	12	20	30	42
10	−7	6	5	1	+3	10	18	27	39
15	−8	8	6	3	+1	7	15	25	38
20	−9	9	8	6	1	+6	12	22	35
25	−10	10	9	7	3	+5	10	19	29
30	−11	12	10	9	5	0	+7	16	26
35	−12	13	12	10	7	2	+5	13	25
40	−13	14	14	12	9	4	+2	10	20
45	−14	15	15	14	11	7	4	+2	17
50	−15	17	17	16	13	9	5	+5	14
55	−16	18	19	18	15	11	6	+2	11
2° 0'	−17	19	20	19	17	14	8	1	+8
5	−18	21	22	21	19	16	11	4	+5
10	−19	22	23	25	21	18	14	7	+1
15	−20	23	25	25	23	21	16	10	3
20	−21	24	26	27	26	23	19	13	6
25	−22	26	28	28	28	25	21	15	8
30	−23	27	29	30	30	28	24	18	11
35	−24	28	31	32	32	30	27	21	14
40	−25	30	32	34	34	33	29	24	17
45	−27	31	34	35	36	35	32	27	20
50	−28	32	36	37	38	37	34	30	24
55	−29	33	37	39	40	39	37	33	27
3° 0'	−30	36	39	41	42	42	40	35	36

TABLE XII.

POINTAGES à mitraille de 18 suivant la ligne de mire naturelle.

ANGLES DE MIRE	DISTANCES EN ENCABLURES				
	1	1 1/4	1 2/4	1 3/4	2
1° 0'	−2	+1	6	13	23
5	−3	0	+5	12	21
10	−4	1	+3	10	18
15	−5	2	+2	8	16
20	−6	4	0	+6	14
25	−7	5	1	+5	12
30	−8	6	3	+3	10
35	−9	8	4	+1	8
40	−10	9	6	4	+6
45	−11	10	8	3	+4
50	−12	11	9	5	+2
55	−13	13	11	6	0
2° 0'	−14	11	12	8	2
5	−15	13	14	10	4
10	−16	15	15	12	6
15	−17	16	17	14	8
20	−18	18	18	16	11
25	−19	19	20	17	13
30	−20	20	21	19	15
35	−21	22	23	21	17
40	−22	23	24	23	19
45	−23	24	26	24	21
50	−24	25	28	26	23
55	−25	28	29	28	25
3° 0'	−26	29	31	30	27

TABLE XIII,

INDIQUANT *de combien de pieds il faut, selon la distance et l'angle de mire, pointer, suivant la ligne de mire naturelle, au-dessous ou au-dessus du but, en tirant à boulet rond avec le canon de 12.*

ANGLES DE MIRE. — DISTANCES EN ENCABLURES.

ANGLES DE MIRE	1	1¼	1½	1¾	2	2¼	2½	2¾	3	3¼	3½	3¾	4	4¼	4½	4¾	5	5¼	5½	5¾	6
1° 0'	—8	8	7	6	5	0	+5	11	19	28	38	50	65	81	99	119	145	168	197	229	264
5'	—9	9	9	7	5	2	+3	8	16	24	35	47	60	76	93	111	138	163	192	223	258
10'	—10	10	10	9	7	4	0	+5	13	24	31	45	56	72	90	109	133	157	186	217	251
15'	—11	12	12	11	9	7	5	+3	9	17	27	38	53	68	86	101	127	152	180	210	245
20'	—12	13	13	13	11	9	5	0	+6	11	24	34	48	65	80	99	122	146	175	205	239
25'	—13	14	15	15	14	11	8	5	+3	11	20	31	44	59	76	94	117	141	169	199	233
30'	—14	16	16	17	16	14	10	6	0	+7	16	27	40	55	71	90	112	135	163	193	226
35'	—15	17	18	18	18	16	13	9	5	+4	13	22	36	50	66	85	107	130	157	187	220
40'	—16	18	20	20	20	18	16	12	6	+1	9	17	34	45	62	80	101	124	152	181	214
45'	—17	19	21	22	22	21	18	14	9	3	+5	13	27	41	57	75	96	119	146	173	208
50'	—18	21	23	24	24	23	21	17	12	6	+2	11	25	37	52	70	91	114	140	169	201
55'	—19	22	24	26	26	25	23	20	16	9	2	+7	19	32	48	65	86	108	134	163	194
2° 0'	—20	23	26	27	28	28	26	25	19	12	6	+1	15	28	43	60	80	105	128	157	189
5'	—21	24	27	29	30	30	29	26	22	16	9	0	+11	23	38	55	75	97	122	151	182
10'	—22	26	29	31	32	32	31	29	25	20	13	5	+6	19	34	50	70	92	117	145	176
15'	—23	27	30	33	34	35	34	32	28	23	17	8	+2	14	29	45	65	86	111	153	170
20'	—24	28	32	35	36	37	36	34	31	26	20	12	2	+10	24	40	60	81	106	133	164
25'	—25	30	33	38	38	39	39	37	34	30	24	16	6	+5	19	35	54	75	100	127	158
30'	—26	31	35	38	40	42	41	40	37	33	27	20	10	+9	15	30	49	70	94	121	154
35'	—27	32	37	40	42	44	44	43	40	37	31	24	14	5	+10	25	44	64	88	115	147
40'	—28	33	38	42	46	46	47	46	44	40	35	28	19	8	+6	20	39	59	83	109	139
45'	—29	35	40	44	47	49	49	49	47	45	41	31	23	13	+1	15	34	55	77	103	133
50'	—30	36	41	45	49	51	52	52	50	47	42	36	27	17	4	+10	28	48	71	97	126
55'	—31	37	43	47	51	53	54	54	53	50	46	39	31	24	9	+5	23	42	66	91	120
3° 0'	—32	39	41	48	55	56	57	57	56	58	49	45	35	28	15	0	+18	37	60	83	114

TABLE XIV.

Pointages à boulet ramé de 12 suivant la ligne de mire naturelle.

ANGLES DE MIRE	DISTANCES EN ENCABLURES.								
	1	1¼	1½	1¾	2	2¼	2½	2¾	3
1° 0'	−5	4	7	+2	3	15	23	31	47
5	−6	5	5	0	+6	12	21	31	44
10	−7	7	5	1	+5	10	16	23	41
15	−8	8	6	3	+1	8	16	25	38
20	−9	9	8	4	+1	5	13	23	34
25	−10	10	9	7	+3	5	10	20	31
30	−11	12	11	9	5	+1	8	17	28
35	−13	13	12	10	7	2	+6	11	24
40	−15	14	14	12	9	4	+5	11	22
45	−14	16	15	14	11	6	0	+8	18
50	−15	17	17	16	13	9	5	+5	16
55	−16	18	19	18	15	11	5	+5	13
2° 0'	−17	19	20	19	17	15	8	0	+9
5	−18	21	22	21	19	16	10	5	+6
10	−20	22	23	23	21	18	13	6	+3
15	−21	25	25	25	23	20	16	9	0
20	−22	25	26	27	25	23	18	12	6
25	−23	26	28	28	26	24	21	13	6
30	−24	27	29	30	31	25	27	17	[illegible]
35	−25	28	31	32	30	28	30	20	[illegible]
40	−26	30	32	34	34	29	32	23	[illegible]
45	−27	51	54	56	56	34	34	26	[illegible]
50	−28	52	55	57	57	[illegible]	[illegible]	29	[illegible]
55	−29	54	57	59	59	40	50	52	[illegible]
3° 0'	−50	55	59	41	42	44	59	55	26

TABLE XV.

Pointages à mitraille de 12 suivant la ligne de mire naturelle.

ANGLES DE MIRE	DISTANCES EN ENCABLURES.				
	1	1¼	1½	1¾	2
1° 0'	−2	+1	6	15	23
5	−3	0	+5	12	21
10	−4	1	+5	10	19
15	−5	3	+2	8	17
20	−6	4	0	+6	14
25	−7	5	1	+5	12
30	−8	6	5	+3	10
35	−9	8	4	+1	8
40	−10	9	6	1	+6
45	−11	10	8	5	+4
50	−12	12	9	5	+2
55	−13	13	11	6	0
2° 0'	−14	14	12	8	2
5	−15	15	14	10	4
10	−16	16	15	12	6
15	−17	17	17	14	8
20	−18	19	18	15	10
25	−19	21	20	17	12
30	−20	22	21	19	15
35	−21	23	23	21	17
40	−22	24	24	23	19
45	−23	26	26	24	21
50	−24	27	28	26	23
55	−25	28	29	29	25
3° 0'	−26	30	31	30	27

TABLE XVI,

Indiquant de combien de pieds il faut, selon la distance et l'angle de mire, pointer, suivant la ligne de mire naturelle, au-dessous ou au-dessus du but, en tirant à boulet rond avec le canon de 8.

ANGLES DE MIRE.	1	1¼	1½	1¾	2	2¼	2½	2¾	3	3¼	3½	3¾	4	4¼	4½	4¾	5	5¼	5½	5¾	6
1° 0′	−8	8	7	6	5	0	+6	12	20	29	40	54	69	87	107	130	155	184	216	252	292
5	−9	9	9	8	5	2	+3	9	16	26	37	50	65	82	102	125	150	178	213	246	296
10	−10	10	11	10	7	4	0	+6	13	22	33	46	61	78	98	120	145	173	205	240	280
15	−11	12	12	11	10	7	+5	10	19	30	43	57	75	93	115	140	168	199	234	[illegible]	265
20	−12	13	14	13	12	9	0	+7	16	26	38	52	68	88	110	135	162	191	228	[illegible]	277
25	−13	14	13	15	14	11	8	+4	12	22	34	48	63	83	105	129	157	183	222	[illegible]	271
30	−14	16	17	17	16	14	10	+1	9	19	30	44	59	79	100	124	151	182	218	[illegible]	264
35	−15	17	18	19	18	16	13	[illegible]	2	+5	15	26	40	59	74	95	119	146	176	210	255
40	−16	18	20	20	20	18	16	11	[illegible]	+2	11	21	36	51	69	90	114	141	171	204	262
45	−17	20	21	22	22	21	18	14	8	[illegible]	+8	19	32	[illegible]	65	85	100	156	165	198	240
50	−18	21	23	24	21	23	21	17	12	3	+4	15	27	[illegible]	60	80	105	150	158	195	239
55	−19	22	21	26	26	25	23	20	15	8	0	[+11]	25	[illegible]	55	76	98	121	[illegible]	196	[illegible]
2° 0′	−20	23	26	28	28	28	28	22	16	11	5	+7	19	34	54	70	93	119	145	180	217
5	−21	25	27	29	30	30	28	25	21	14	+5	15	39	48	65	66	113	144	174	[illegible]
10	−22	26	29	31	32	32	31	28	24	18	+11	25	41	60	82	108	136	168	204	[illegible]
15	−23	27	31	33	34	34	34	31	27	22	1	+7	20	37	55	77	102	130	162	198
20	−24	29	32	35	36	38	37	34	30	25	10	+3	65	52	60	72	97	123	156	192
25	−25	29	34	37	37	39	39	37	35	28	15	6	[+8]	25	46	67	91	119	150	186
30	−26	31	36	38	38	41	42	40	36	32	25	6	+7	23	41	62	86	113	144	170
35	−27	32	37	40	45	41	44	43	40	35	29	20	10	+8	36	46	80	107	138	173
40	−28	34	38	42	45	46	45	45	43	38	32	24	13	+5	31	54	78	102	132	167
45	−29	35	40	44	47	49	49	46	46	42	36	26	18	+8	26	48	69	96	126	161
50	−30	36	44	46	48	51	52	49	49	45	40	32	25	19	+4	21	44	64	89	129	154
55	−31	37	45	47	51	53	54	54	52	49	45	56	27	15	1	+16	36	58	85	114	118
3° 0′	−52	39	41	49	53	56	57	57	55	52	47	40	31	20	6	+11	30	53	79	106	142

TABLE XVII.

POINTAGES à boulet ramé de 8 suivant la ligne de mire naturelle.

ANGLES DE MIRE	DISTANCES EN ENCABLURES.								
	1	1¼	1½	1¾	2	2¼	2½	2¾	3
1° 0'	—5	4	2	+2	7	15	25	36	18
5	—6	6	5	0	+5	12	21	32	45
10	—7	7	6	2	+3	10	18	29	12
15	—8	8	7	5	+1	8	16	26	39
20	—10	9	8	5	1	+5	15	25	36
25	—11	11	10	7	5	+5	10	20	35
30	—12	12	11	9	5	+1	8	18	29
35	—13	15	15	11	7	2	+5	15	26
40	—14	15	14	12	9	4	+5	12	25
45	—15	16	16	14	11	6	0	+9	20
50	—16	17	17	16	15	9	3	+6	17
55	—17	18	19	18	15	11	5	+5	14
2° 0'	—18	20	20	20	17	15	8	0	+11
5	—19	21	22	22	20	16	10	2	+8
10	—20	22	25	25	22	18	12	5	+4
15	—21	24	25	25	24	20	16	8	+1
20	—22	25	27	27	26	23	18	11	2
25	—23	26	28	29	28	26	21	14	5
30	—24	27	30	31	30	27	23	17	8
35	—25	29	31	32	32	30	26	20	11
40	—26	30	33	34	34	32	28	22	14
45	—27	31	34	36	36	34	31	25	17
50	—28	33	36	38	38	37	34	28	20
55	—29	34	37	40	40	39	36	30	24
3° 0'	—30	35	39	41	42	41	39	35	27

TABLE XVIII.

POINTAGES à mitraille de 8 suivant la ligne de mire naturelle.

ANGLES DE MIRE	DISTANCES EN ENCABLURES.				
	1	1¼	1½	1¾	2
1° 0'	—2	+1	6	15	22
5	—3	0	+4	11	20
10	—4	2	+5	9	18
15	—5	3	+1	8	16
20	—6	4	0	+6	14
25	—7	6	2	+4	12
30	—8	7	5	+2	10
35	—9	8	5	0	+8
40	—10	9	6	1	+6
45	—11	11	8	5	+1
50	—12	12	10	5	+2
55	—13	13	11	7	0
2° 0'	—15	15	15	9	2
5	—16	16	11	10	4
10	—17	17	16	12	7
15	—18	18	17	11	9
20	—19	20	19	16	11
25	—20	21	20	18	13
30	—21	22	22	20	15
35	—22	23	23	21	17
40	—23	25	25	25	19
45	—24	26	27	25	21
50	—25	27	28	27	25
55	—26	29	30	29	25
3° 0'	—27	30	32	30	27

TABLE XIX,

INDIQUANT de combien de pieds il faut, selon la distance et l'angle de mire, pointer, suivant la ligne de mire naturelle, au-dessous ou au-dessus du but, en tirant à boulet rond avec le canon de 6.

ANGLES DE MIRE.	DISTANCES EN ENCABLURES.																				
	1	1¼	1½	1¾	2	2¼	2½	2¾	3	3¼	3½	3¾	4	4¼	4½	4¾	5	5¼	5½	5¾	6
1° 0′	−8	8	7	5	3	+1	7	14	22	35	45	60	77	96	119	141	175	206	243	283	328
5	−9	9	9	7	5	4	+5	11	19	29	42	56	73	92	114	139	168	200	236	277	322
10	−10	10	10	9	7	5	+2	8	16	26	38	52	68	88	109	134	165	195	231	271	315
15	−11	12	12	11	9	6	1	+5	15	23	34	48	61	85	105	129	157	189	225	265	309
20	−12	13	13	13	11	8	5	+2	10	19	31	44	60	79	100	125	152	184	219	259	303
25	−13	14	15	14	13	10	6	0	+7	16	27	40	56	74	95	120	147	178	213	253	297
30	−14	16	16	16	15	13	8	3	+4	13	23	36	52	70	91	115	143	173	208	247	290
35	−15	17	18	18	17	15	11	6	+1	9	20	33	48	63	86	110	137	167	202	241	284
40	−16	18	19	20	19	17	14	9	3	+6	16	29	44	61	81	104	131	162	196	235	278
45	−17	19	21	22	21	20	16	12	6	+2	12	25	39	57	77	101	126	156	190	229	272
50	−18	21	23	24	23	22	19	15	9	1	+9	21	35	52	72	95	121	151	185	223	266
55	−19	22	24	25	25	24	21	18	12	4	+5	17	31	48	67	90	116	145	178	217	259
2° 0′	−20	25	26	27	27	26	24	20	15	7	+2	13	27	45	65	85	111	140	173	211	253
5	−21	25	27	29	30	29	27	23	18	11	2	+9	23	39	58	80	105	134	167	205	246
10	−22	26	29	31	32	31	29	26	21	14	6	+5	19	34	53	75	100	129	162	199	240
15	−23	27	30	33	34	34	32	29	24	18	9	+1	14	30	48	70	95	123	156	195	234
20	−24	28	32	34	36	36	34	31	27	21	13	5	+10	26	44	65	90	118	150	187	228
25	−25	30	33	36	38	38	37	35	31	25	17	7	+6	21	39	60	85	113	144	181	221
30	−26	31	35	38	40	41	40	38	34	28	20	10	+2	17	34	58	79	107	139	175	215
35	−27	32	36	40	42	43	42	40	37	31	24	14	2	+12	30	56	74	102	133	169	209
40	−28	33	38	42	44	45	45	43	40	35	28	18	6	+8	25	48	69	96	127	165	203
45	−29	35	40	45	46	48	47	46	43	38	31	22	11	+3	20	40	64	91	121	157	196
50	−30	36	41	45	48	50	50	49	46	42	33	26	15	1	+10	35	58	85	116	151	190
55	−31	37	43	47	50	52	53	52	49	45	39	30	19	6	+11	30	55	80	110	145	184
3° 0′	−32	39	44	49	52	55	55	53	52	48	42	34	23	10	+6	25	48	74	104	139	178

TABLE XX.

POINTAGES à boulet ramé de 6 suivant la ligne de mire naturelle.

ANGLES DE MIRE	DISTANCES EN ENCABLURES								
	1	1¼	1½	1¾	2	2¼	2½	2¾	3
1° 0′	— 5	4	1	+ 3	8	16	26	38	52
5	— 6	5	3	+ 1	6	11	24	35	49
10	— 7	7	6	1	+ 4	11	21	32	46
15	— 8	8	6	5	+ 5	9	16	29	45
20	— 9	9	8	5	0	+ 7	16	26	49
25	—10	10	9	6	2	+ 4	13	24	37
30	—11	12	11	8	4	+ 2	11	21	54
35	—12	13	12	10	6	0	+ 8	12	50
40	—13	14	11	12	8	2	+ 5	13	27
45	—15	16	13	14	10	6	+ 5	12	21
50	—16	17	17	15	12	7	0	+ 9	21
55	—17	18	18	17	11	10	2	+ 6	18
2° 0′	—18	19	20	19	16	12	6	+ 4	15
5	—19	21	22	21	18	14	7	+ 1	12
10	—20	23	25	23	21	17	10	2	+ 9
15	—21	25	25	24	23	19	13	5	+ 6
20	—22	25	26	29	25	21	16	8	+ 2
25	—23	26	28	28	27	24	18	11	4
30	—24	27	28	30	29	26	20	17	4
35	—25	28	31	32	31	28	23	16	4
40	—26	30	32	33	33	31	26	19	10
45	—27	31	31	35	35	33	28	22	13
50	—28	32	33	37	37	35	31	25	16
55	—29	34	37	39	39	36	33	28	19
3° 0′	—30	35	39	41	41	40	36	31	2

TABLE XXI.

POINTAGES à mitraille de 6 suivant la ligne de mire naturelle.

ANGLES DE MIRE	DISTANCES EN ENCABLURES				
	1	1¼	1½	1¾	2
1° 0′	— 2	+ 1	6	14	24
5	— 3	0	+ 3	12	22
10	— 4	1	+ 3	10	20
15	— 5	3	+ 1	9	18
20	— 6	4	0	+ 7	16
25	— 7	5	1	+ 5	13
30	— 8	7	3	+ 3	13
35	— 9	8	4	+ 1	9
40	—10	9	6	0	+ 7
45	—11	10	7	2	+ 5
50	—12	12	9	4	+ 3
55	—13	13	11	6	+ 1
2° 0′	—14	11	12	8	1
5	—15	15	14	9	3
10	—16	17	15	11	5
15	—17	18	17	13	7
20	—18	19	18	15	9
25	—19	21	20	17	11
30	—20	22	21	19	13
35	—21	23	23	20	15
40	—22	24	24	22	17
45	—23	26	26	24	20
50	—24	27	28	26	22
55	—25	28	29	28	24
3° 0′	—26	30	31	29	26

(87)

TABLE XXII,

Servant à déterminer la distance d'un bâtiment à un autre, au moyen de rayons visuels dirigés du premier à la pomme du grand mât du second ou à celle de son mât de misaine, et à la ligne des seuillets de sabord de la batterie la plus voisine des gaillards.

DISTANCES en ENCABLURES	VAISSEAUX de 100 canons.		VAISSEAUX de 84.		VAISSEAUX de 74.		VAISSEAUX de 64.		VAISSEAUX de 54.		FRÉGATES de 40.		FRÉGATES de 36.		CORVETTES de 20 à 22.		BRICKS de 18.	
	Grand Mât.	Mât de Misaine.	Grand Mât.	Mât de Misaine.	Grand Mât.	Mât de Misaine.	Grand Mât.	Mât de Misaine.	Grand Mât.	Mât de Misaine.	Grand Mât.	Mât de Misaine.	Grand Mât.	Mât de Misaine.	Grand Mât.	Mât de Misaine.	Grand Mât.	Mât de Misaine.
1	15.31.20	16. 7.50	15.22.30	13.43.20	12.38. 0	13.17.46	14.17.50	12.46.30	13.14.50	12.13.50	13.25. 0	11.55.30	12.39.20	11.40.20	9. 0.20	8.28.20	7.29.40	7.28.40
1¼	12.31.20	11.33.10	12.21.30	11. 0.30	11.48. 0	10.41.58	11.31.30	10.16.30	10.40. 0	9.54.50	10.48.10	9.35.10	10.11. 0	9.14.10	7.33.30	6.47.40	6.16.40	5.39.40
1½	10.29.30	9.31.40	10.15. 0	9.12.10	9.52.30	8.56.40	9.38.36	8.35.40	8.55.10	8.14.40	9. 2.10	8. 0.10	8.30.50	7.43. 0	6.18.50	5.40.20	5.14.10	5. 0. 0
1¾	9. 1.10	8.11.10	8.33.30	7.54.30	8.40.10	7.43. 0	8.17.10	7.23. 0	7.39.40	7. 6.50	7.43.40	6.32.10	7.18.10	6.37.18	5.35. 0	4.51.30	4.29.30	4.12.20
2	7.54.30	7.10.30	7.49.40	6.55.40	7.36.30	6.44. 0	7.15.40	6.28. 0	6.42.50	6.18.10	6.48.10	6. 7.30	6.54.20	5.23.10	4.45.40	4.15.30	3.36. 0	3.43.30
2¼	7. 8.40	6.23. 0	6.58.40	6.10. 0	6.37.40	5.59.30	6.37.40	5.15.20	5.58.20	5.34. 0	6. 3.10	5.41.40	5.48. 0	5. 9.40	4.11.10	3.47.30	3.20.30	3.20.30
2½	6.20.40	5.45. 0	6.16.40	5.33.40	5.37.30	5. 3.40	5.59.30	5.11. 0	5.28.50	4.58.10	5.37. 0	5. 8. 0	[illegible]	4.38.50	3.47.50	3.32.40	3. 8.30	3. 0.30
2¾	5.48. 0	5.11.30	5.49.40	5. 3. 0	5.25.30	5.56.30	5. 3.40	4.49.50	4.53.30	4.34.10	4.37.30	4.33.30	[illegible]	4.13.20	3.22.40	3. 6. 0	2.51.40	2.42. 0
3	5.17.20	4.47.50	5.14.50	4.37.50	4.58.30	4.36. 0	4.51.30	4.19.20	4.29.10	4. 8.20	4.38.30	4. 1.30	[illegible]	3.59.30	3.10. 0	2.50.30	2.37.30	2.30.30
3¼	4.53.10	4.25.40	4.50.40	4.16.40	4.35.40	4.14.20	4.28. 0	3.59.30	4. 8.40	3.49.30	4.11.50	3.43. 0	[illegible]	3.34.40	2.55.20	2.37.30	2.25.20	2.18.50
3½	4.32.40	4. 6.50	4.29.30	3.58.20	4.16. 0	3.57.10	4. 9.50	3.42.40	3.30.50	3.33.10	3.54. 0	3.27.10	[illegible]	3.19.30	2.19.50	2.26.10	2.15. 0	2. 8.50
3¾	4.14.40	3.50.30	4.11.40	4.49.36	3.69. 0	3.38.10	3.53.10	3.27.40	3.34.30	3.19. 0	3.38.40	3.13.40	[illegible]	3. 6.10	2.30. 0	2.10.30	2. 5. 0	2. 0.20
4	3.58.30	3.36. 0	3.56. 0	3.28.40	3.44.10	3.25.40	3.38.40	3.12.40	3.29.10	3. 8.40	3.22.50	3. 1.20	[illegible]	2.55.30	2.22.30	2. 8. 0	1.53.10	1.52.30
4¼	3.44.20	3.23.20	3.48.30	3.16.30	3.11. 0	3.19.50	3.25.50	3. 3.10	3.16.10	2.55.20	3.14.50	2.50.10	[illegible]	2.47.20	2.16.10	2. 0.30	1.51.10	1.45.10
4½	3.32. 0	3.12.10	3.29.30	3. 5.30	3.19.40	3. 6.10	3.13.30	2.53. 0	2.59.40	2. 6. 0	3. 2. 0	2.41.10	[illegible]	2.35.10	2. 6.40	1.53.30	1.48. 0	1.40.10
4¾	3.20.30	3. 9. 0	3.18.50	2.33.30	3. 8.50	2.53.30	2.41.50	2.53. 0	2.16. 0	2.36.10	2.18.30	2.27. 0	[illegible]	2.32. 0	2. 0. 0	1.47.50	1.33.30	1.35. 0
5	3.10.40	2.53. 0	3. 8.40	2.47. 0	2.59.20	2.43.10	2.34. 0	2.33.10	2.52.30	2.13.50	2. 5.30	2.20.20	[illegible]	2.19.40	1.52. 0	1.48.50	1.34.30	1.40.10
5¼	3. 1.40	2.44.40	2.59.30	2.34. 0	2.50.30	2.34.30	[illegible]	[illegible]	[illegible]	[illegible]	[illegible]	[illegible]	[illegible]	2.13. 0	1.48.40	1.37.30	1.30. 0	1.26. 0
5½	2.53.20	2.37.10	2.51.40	2.31.30	2.43.10	2.27.30	[illegible]	[illegible]	[illegible]	[illegible]	[illegible]	[illegible]	[illegible]	2. 7. 0	1.43.40	1.33. 0	1.21.30	1.22. 0
5¾	2.46. 0	2.30.30	2.44.20	2.25.10	2.36. 0	2.26.10	[illegible]	[illegible]	[illegible]	[illegible]	[illegible]	[illegible]	[illegible]	2. 1.30	1.30.10	1.25. 0	1.32.40	1.18.30
6	2.39. 0	2.31.10	2.37.30	2.19.10	2.29.30	2.13.10	[illegible]	[illegible]	[illegible]	[illegible]	[illegible]	[illegible]	[illegible]	1.56.30	1.35. 0	1.25.20	1.18.50	1.15.10
HAUTEURS au-dessus de la ligne des seuillets de sabord.	200	180¼	198	175	188	170	183½	168½	169¼	138½	171½	158	161¼	116¾	119¾	107¼	99	94¾

TABLE XXIII.

Des hauteurs de différentes parties du corps et de la mâture des bâtimens de guerre, selon leurs rangs.

PARTIES DU CORPS DES BÂTIMENS.	VAISSEAUX de 100 can.		VAISSEAUX de 92.		VAISSEAUX de 74.		VAISSEAUX de 64.		VAISSEAUX de 34.		FRÉGATES de 58.		FRÉGATES de 30.		CORVETTES de 20 à 24.		BRICKS de 18.	
	Pieds	Pouc.	Pieds	Pouc.	Pieds	Pouc.	Pieds	Pouc.	Pieds	Pouc.	Pieds	Pouc.	Pieds	Pouc.	Pieds	Pouc.	Pieds	Pouc.
Hauteur des seuillets de sabord de la 1.re batterie au-dessus du niveau de la mer	6	6	7	0	6	8	6	4	6	0	8	0	7	2	5	6	5	2
Idem de la 2.e batterie au-dessus de la 1.re	7	9	7	10	7	8	7	6	7	5	0	0	0	0	0	0	0	0
Idem de la 3.e batterie au-dessus de la 2.e	7	4	0	0	0	0	0	0	0	0	0	0	0	0	0	0	0	0
Idem de la batterie des gaillards au-dessus de celle immédiatement au-dessous	7	4	7	0	6	10	6	4	6	4	6	8	6	2	5	5	0	0
Idem de l'artillerie de la dunette au-dessus de celle du gaillard d'arrière	8	0	7	0	6	10	6	8	6	6	0	0	0	0	0	0	0	0
GRAND MÂT.																		
Hauteur de la hune au-dessus du pont	65	8	68	0	66	0	65	6	58	6	60	5	59	2	44	4	45	7
Idem des barres de perroquet au-dessus de la hune	68	0	67	0	64	10	64	10	56	10	60	0	51	6	38	0	30	2
Idem de la pomme au-dessus des barres de perroquet	61	0	58	0	52	4	52	0	49	4	46	4	43	6	32	4	25	5
MÂT DE MISAINE.																		
Hauteur de la hune au-dessus du pont	55	11	56	2	56	0	55	0	52	0	55	0	51	6	39	7	38	6
Idem des barres de petit perroquet au-dessus de la hune	63	0	60	6	60	0	55	10	53	4	54	0	48	6	34	6	51	0
Idem de la barre au-dessus des barres de petit perroquet	57	0	53	4	49	2	47	9	46	4	45	0	41	10	29	0	25	0
MÂT D'ARTIMON.																		
Hauteur de la hune au-dessus du pont	56	3	58	3	57	7	56	0	53	9	50	6	48	0	51	0	0	0
Idem des barres de perruche au-dessus de la hune	54	8	48	0	47	5	42	10	38	5	57	4	36	6	28	4	0	0
Idem de la pomme au-dessus des barres de perruche	45	7	40	0	38	1	36	0	29	6	55	6	50	0	25	0	0	0

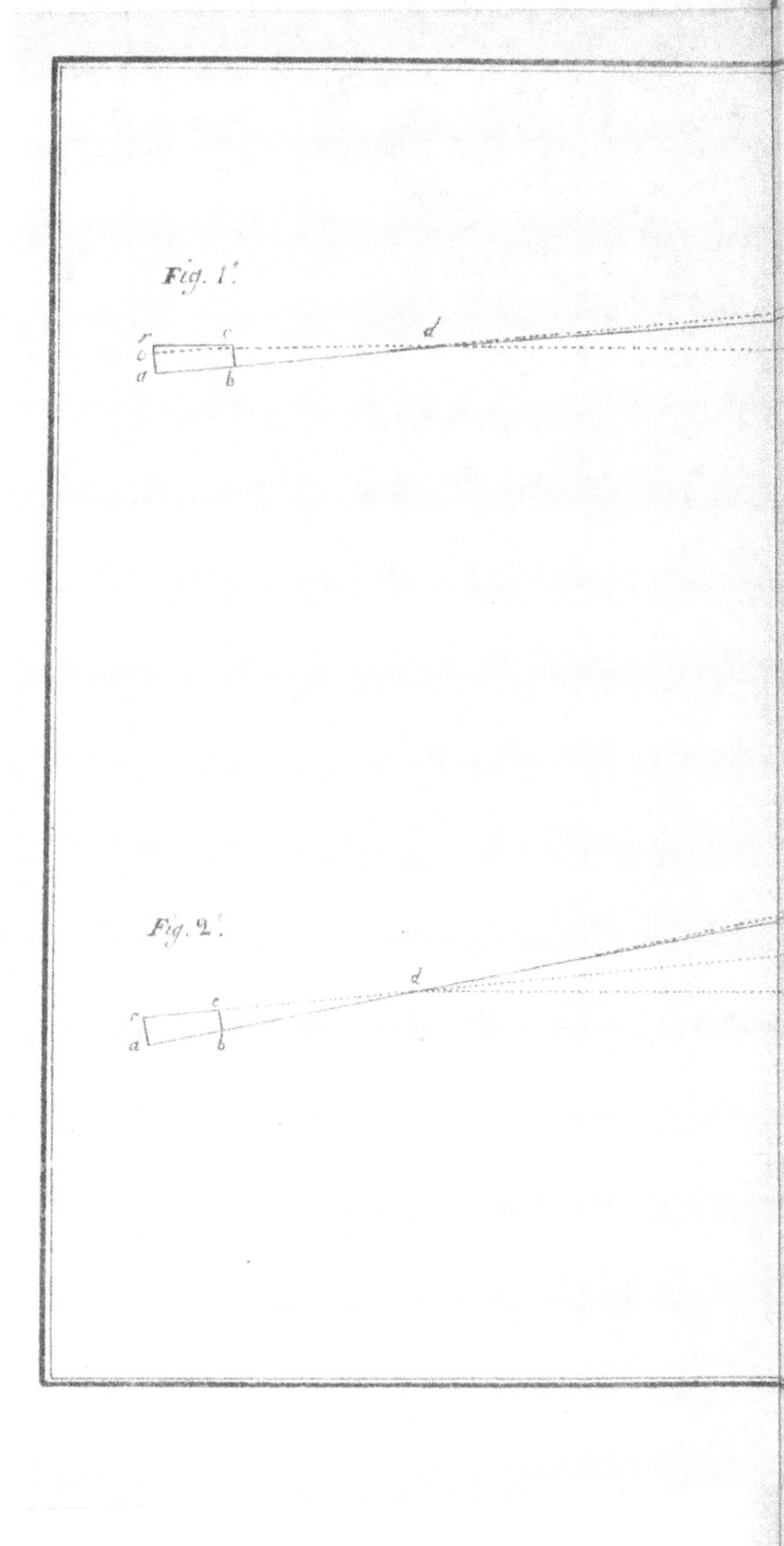

Fig. 1.
c
a
c
b
d
Fig. 2.
c
a
b
d

NOTE DU TRADUCTEUR.

Quelques personnes auraient peut-être désiré que nous eussions réduit dans cet ouvrage les mesures espagnoles en mesures françaises. Sans doute nous eussions pu le faire. Mais comme ce sont des données positives, nous avons préféré les laisser telles que l'auteur les a calculées. D'ailleurs, en les réduisant, eussions-nous obtenu pour notre pointage le dernier dégré de précision ? La poudre dont nous faisons usage aujourd'hui n'est certainement pas la même que celle qui fut employée dans les expériences de Churruca. Les procédés de fabrication ayant été beaucoup perfectionnés depuis quelques années, la force de la poudre s'est accrue considérablement. Nos calibres, la densité de nos projectiles, le vent de nos boulets, toutes causes qui influent sur la trajectoire et en altèrent la courbure , sont-ils aussi exactement les mêmes que dans l'artillerie espagnole ? Nos nouveaux canons de 30, avec lesquels nos bâtimens vont être armés , auraient d'ailleurs nécessité de nouvelles épreuves , de nouveaux calculs. Il résulte qu'il serait d'un haut intérêt pour la marine française de faire faire avec notre propre système d'artillerie, pour la construction de tables de pointage, des expériences analogues à celles qui ont eu lieu en Espagne. Au reste, les mesures espagnoles différant peu des nôtres, comme on le voit par les rapports que nous avons donnés dans la note de la page 24 , on peut regarder les tables de Churruca comme des moyens d'approximation peut-être suffisans à la mer, où le mouvement des bâtimens rend une plus grande précision inutile , et compense souvent en faveur de l'exactitude les erreurs du pointage. Au surplus, l'officier qui commande une batterie devant, avant de prendre la mer, former son tableau particulier de pointage d'après les angles de mire de ses pièces, ainsi qu'il est expliqué dans les exemples XIII et XIV, il pourra réduire en mesures françaises les nombres qu'il obtiendra des tables espagnoles, et qui seront nécessairement en petite quantité, comme on le voit par le tableau de la page 42. Ce sera le travail d'un instant.

ERRATA.

Page 36, ligne 18, au lieu de $0^{pi},8$, *lisez* — $0^{pi},8$.
Page 39, ligne 19, au lieu de $2\,^1/_2$, *lisez* $2\,^1/_4$.